Conjuguer avec les médias

LES DÉFIS INÉDITS DU RELATIONNISTE

Lise BOILY et Marcel A. CHARTRAND

Conjuguer avec les médias

LES DÉFIS INÉDITS DU RELATIONNISTE

Les Presses de l'Université Laval

Les Presses de l'Université Laval reçoivent chaque année du Conseil des Arts du Canada et de la Société d'aide au développement des entreprises culturelles du Québec une aide financière pour l'ensemble de leur programme de publication.

Nous reconnaissons l'aide financière du gouvernement du Canada par l'entremise de son Programme d'aide au développement de l'industrie de l'édition (PADIÉ) pour nos activités d'édition.

Mise en pages : Diane Trottier

Maquette de couverture : Ian Roberts, The Roberts Design Group

Sur la page couverture : Le dizabao est un moyen de communication qui perdure dans certaines civilisations comme la Chine, où l'on affiche dans les places publiques, les nouvelles du jour pour que les citoyens puissent les lire.

ISBN 978-2-7637-8973-6

Les Presses de l'Université Laval
Pavillon Pollack, bureau 3103
2305, rue de l'Université
Université Laval, Québec
Canada, G1V 0A6
www.pulaval.com

Table des matières

DEUXIÈME PARTIE
CONNAÎTRE LES MÉDIAS

TROISIÈME PARTIE
FAIRE PASSER SON HISTOIRE

QUATRIÈME PARTIE
DES MESURES D'APPRÉCIATION

Avant-propos

....

Qui veut devenir astronaute au Canada ? Sur les 5 351 dossiers évalués par l'Agence spatiale canadienne entre avril 2008 et avril 2009, c'est seulement à la neuvième et dernière instance d'évaluation que le nombre se rétrécit à seize candidats et que, de ces derniers, on en choisit deux. La dernière épreuve consiste à subir des tests visant à mesurer la capacité de communication, à effectuer des points de presse impromptus et à se prêter à une entrevue fictive d'une demi-heure avec un journaliste. Dans la mouvance du début du siècle vers une saine gouvernance d'entreprise qui commande la transparence aux plus hauts niveaux, autant les cadres que des spécialistes comme les astronautes sont évalués en fonction de leurs habiletés de communication et de leur performance communicationnelle à pouvoir rejoindre leurs divers publics, y compris les médias.

La fonction de communication est à ce point déterminante. Elle a mérité ses titres de noblesse, poussée par les événements, par la pratique, par la recherche et par la technologie. Désormais, c'est un point de non-retour.

Technologie oblige. En effet, l'industrie du média d'information a subi une transformation profonde. Le communiqué de presse, qui demeure toujours la norme de communication pour l'entreprise, est diffusé sous forme numérisée en un clin d'œil. Fini les jours où il était disponible en copie papier, retranscrit pour le fil de presse par télex, plus tard envoyé par télécopieur, déposé sur le pupitre du rédacteur, mis à la poubelle ou choisi comme objet de nouvelle.

Internet et le Web sont venus bousculer l'industrie mais celle-ci s'est adaptée assez rapidement. Tous les types de médias, qu'ils soient écrits ou électroniques, ont créé leur site Web et y renvoient leur clientèle constamment, offrant des compléments d'information et un suivi à la nouvelle du jour. Cependant, les médias écrits subissent à présent l'engouement du consommateur pour Internet. Par conséquent, la publicité, le gagne-pain principal des quotidiens, des hebdos et des périodiques, se dirige de plus en plus vers la Toile, au détriment des imprimés. Les imprimés sont donc sur haute surveillance car les signes d'abandon du lectorat pointent à l'horizon.

Ce sont ces phénomènes qui nous intéressent et c'est la raison de cet ouvrage. Un grand nombre de manuels pratiques sur les médias sont offerts sur le marché, mais très peu le sont en langue française. Ceux qui sont sur le marché traitent plutôt d'une réalité européenne qui parfois ne cadre pas tout à fait avec la réalité nord-américaine et francophone.

Parmi les ouvrages anglophones, rares sont ceux qui donnent une vue d'ensemble de la pratique du journalisme aujourd'hui. Plusieurs, rédigés par d'anciens journalistes, effleurent le sujet et présentent un aperçu d'une forma-tion dite «professionnelle» qui est désormais offerte à coûts élevés dans des hôtels luxueux des grandes villes canadiennes par des spécialistes du «spin».

Nous avons voulu rassembler dans cet ouvrage à la fois la matière acadé-mique touchant les médias et la matière pratique. D'une part, l'étudiant ou le praticien en communication prendra connaissance des notions et des principes de communication qui gouvernent la relation entre le public média, les sources d'information et les récepteurs de la nouvelle à l'ère du numérique. D'autre part, le professionnel des communications connaîtra intimement le marché des médias au Canada et au Québec, ainsi que les pratiques et les astuces qui sont garantes de bonnes relations avec le quatrième pouvoir.

Par conséquent, que vous soyez étudiant en communication au premier cycle ou que vous occupiez un poste de relationniste dans une entreprise, ce manuel servira d'ouvrage de référence.

L'ensemble s'inspire de nombreuses années d'enseignement des commu-nications et d'une carrière où il a fallu quotidiennement et à chaque tournant conjuguer avec ce public privilégié pour, à la fois, renseigner les publics cibles de l'entreprise, gagner leur confiance tout en protégeant leur notoriété et rehausser leur image.

PREMIÈRE PARTIE

Le relationniste à l'ère du numérique

CHAPITRE 1

Le relationniste

....

1.1 OBJECTIF

Pour comprendre la dynamique entre le relationniste d'aujourd'hui et les médias, il importe de connaître l'évolution de la profession et des structures organisationnelles. De plus, les développements scientifiques et techniques ne cessent de défier chacun à se renouveler et à se tenir à la fine pointe des moyens de communication susceptibles de retenir l'attention du public récepteur de messages et consommateur de nouvelles.

1.2 UN PEU DE RECUL

Le travail du relationniste nous semble acquis aujourd'hui. Cependant, la reconnaissance de cette profession est récente dans l'histoire. Son émergence apparaît de façon formelle dans les années 1980. Jusqu'à ce moment un ensemble de raisons économiques et politiques s'assurait du contrôle organisationnel sur ce qui devait être diffusé et connu au sein de la population.

Relégué au rôle de *publiciste* ou de *public relations man* (*PR*) au début du XXᵉ siècle, le relationniste traitait surtout avec les médias, cherchant à protéger la réputation de la grande entreprise, par tous les moyens du bord, y compris la manipulation, la propagande, le chantage et les pots-de-vin. Cependant, William Vanderbilt, le grand magnat du chemin de fer des États-Unis qui avait la réputation de berner et de maudire le public par ses affirmations répétées au sujet des incidents qui se produisaient dans son industrie (*Public be fooled*, *public be damned*) au tournant du XXᵉ siècle, a dû changer d'attitude lorsque ses propos ont été cités par la presse de l'époque lors d'une enquête menée par le gouvernement américain sur son empire. Puis, en 1914, Yvy Lee, un journaliste du *Wall Street Journal* devenu relationniste, a convaincu John D. Rockefeller d'exercer plus de transparence et moins de rigidité lors de la grève sanglante à la mine de charbon de la Colorado Fuel & Iron Co., en humanisant le propriétaire auprès de ses travailleurs et en misant sur ses qualités de philanthrope pour regagner la confiance de ses publics et redorer son image[1].

Ainsi, le pouvoir discrétionnaire, souverain et incontestable des patrons et des autorités politiques et économiques se voyait remis en question. Les raisons qui ont conduit à ce changement de cap se retrouvent à l'intérieur des années 1980 au moment où la crise de la modernité se fait sentir. On observe une pression exercée par les groupes sociaux et culturels, par les minorités, par les sous-cultures et la complexité des rapports entre les nombreux publics face aux enjeux modernes. Ces facteurs vont conduire à une remise en question du système politique, juridique et social et ainsi provoquer des transformations notables dans le mode de gouvernance des systèmes politiques et des organisations.

L'équilibre difficile au sein de la gouvernance exercée par le marché, l'État et la société civile suscite un besoin incontournable de communication transparente. Par souci d'harmonie entre l'environnement économique, politique et social, on établit des stratégies pour démocratiser l'information de manière à joindre tous les publics des organismes tant publics que privés et l'on vote des lois qui reconnaissent le droit des citoyens à l'information et à la protection privée. Cette démarche correspond au besoin essentiel de structurer les entreprises autour des principes modernes de manière à respecter la notion d'accessibilité à l'information et de renforcer les pratiques démocratiques d'engagement et de participation[2].

Ainsi, deux volets essentiels s'inscrivent dans le mode de structuration, celui de l'accès à l'information et celui de l'engagement citoyen.

1.3 LA COMMUNICATION PLANIFIÉE ET ORGANISÉE

Les années 1980 sont un terreau privilégié de grandes transformations que l'on observe dans les entreprises. De mode de fonctionnement pyramidal-

---

1.   Cutlip 1985.
2.   Taylor 1992.

vertical, on esquisse progressivement un mode de fonctionnement réticulaire, c'est-à-dire un fonctionnement en réseau horizontal. Une ouverture vers la consultation des principales unités d'entreprise et des principaux groupes d'intérêts favorise une participation plus active des employés et des citoyens, tout en atteignant un niveau de motivation et d'engagement plus élevé qui se fait plus structuré. On crée des cellules de consultation et des modes d'organisation en privilégiant, entre autres, des méthodes de recherche qualitative et quantitative comme les groupes de discussion, les sondages, les évaluations de programmes et même les boîtes à suggestion.

Ces démarches conduisent successivement à la reconnaissance du statut de relationniste sur un pied d'égalité avec les autres fonctions traditionnelles d'importance qu'on retrouvait dans les entreprises, comme les finances, les ressources humaines et la gestion stratégique. Le statut du relationniste acquiert celui de cadre de direction tout à côté de ses homologues. La profession de communicateur est d'ores et déjà consacrée au XXIe siècle. La grande entreprise, les gouvernements et leurs agences, les établissements parapublics comme les universités et les hôpitaux de même que les organismes sans but lucratif se dotent de vice-président ou de directeur des communications, donnant ainsi le signal que les communications, c'est-à-dire les relations avec les publics multiples de l'entreprise, sont devenues aussi importantes que les finances, les ressources humaines et le marketing. Le public reconnaît le relationniste sous différents vocables : porte-parole, attaché de presse (en politique), agent de communication, directeur des communications, agent de relations avec les médias, secrétaire de presse (en diplomatie).

La communication se voit de plus en plus incorporée dans une stratégie de planification et s'inscrit dans le plan d'affaires des entreprises. Elle établit le lien entre la communication interne et la communication externe de manière à maintenir l'équilibre entre la fonction de production de l'entreprise et son environnement social, culturel et géographique.

L'information s'y retrouve organisée autour de fonctions précises qui sont celles de veille ou d'observatoire social et culturel au moyen de recherches et d'analyses critiques, de conseils, de planification et celle de gestion des communications auprès des publics, par la prestation de services. Ces publics sont nombreux, comme les actionnaires, les groupes d'intérêts et les consommateurs pertinents. Celui qui nous intéresse particulièrement est celui des médias d'information. Il sert de liaison avec la société et constitue ainsi une extension de l'entreprise.

1.4 LES TECHNOLOGIES TRANSFORMANTES

Les changements qu'on a pu observer au cours du dernier siècle se voient remis en question dans le contexte des développements scientifiques et technologiques en cours.

La fonction de relationniste se transforme, évolue dans une forme d'interactionnisme qui se fond de plus en plus au potentiel qu'offre la technologie d'interactivité, de connectivité ainsi que la numérisation. On observe une gestion stratégique des médias dans laquelle contenu et assistance technologique travaillent en interface.

Une réflexion sur le travail du relationniste met en évidence le rôle de catalyseur que jouent les technologies de l'information et de la communication (TIC) dans les transformations que vit la profession.

Ces mêmes technologies contribuent au développement de l'économie cognitive, c'est-à-dire cette économie fondée sur le transfert et le partage des savoirs. L'usage des TIC requiert un nouveau mode de pensée en ce qui concerne la mobilisation des connaissances, la maîtrise de savoir-faire inédits ainsi que des stratégies d'action renouvelées. Ces technologies, tout en transformant les modes de production, provoquent des mutations. Elles apportent une valeur ajoutée à l'information par la numérisation qui la rend malléable, polyvalente, applicable dans de multiples contextes, à de multiples individus. Les technologies ne subordonnent pas les individus au système, elles leur permettent de décupler les possibilités humaines de façon créative et innovante. Pour atteindre cet objectif il faut toutefois une préparation adéquate ainsi qu'une compréhension du système dans lequel le travail s'effectue. Nous développerons cet énoncé à partir d'une réflexion théorique sur les métamorphoses en cours ainsi que par l'analyse d'une pratique effective : celle du monde des relationnistes.

Dans un premier temps, c'est en s'appuyant sur la théorie de la communication telle qu'elle a été développée par Shannon et Weaver (1967) qu'on légitimera l'utilité au travail du relationniste. Le modèle mathématique de Shannon et Weaver reconnaît qu'il y a au départ, à l'existence de tout discours, deux principes fondamentaux : 1) la présence d'une grammaire de production qui tient l'**émission** de tout message et 2) une grammaire d'interprétation pour que la **réception** s'effectue. Ces deux grandes distinctions supposent au premier plan l'existence d'un système sémantique commun, d'une langue qui sous-tend une possibilité théorique, d'un message, d'un codeur, d'un transformateur, d'un code, d'un canal et, au second plan, d'un récepteur, d'un décodeur, d'une formation de structures associatives et d'une interprétation. Bref, une efficacité technique qui assure la construction claire du message de son émission à sa réception ; mais on parle aussi d'une efficacité sémantique pour joindre le public visé, le cibler de façon convaincante et soutenir son intérêt. Ce sont ces règles au niveau de la qualité des rapports associatifs, lesquels se croisent aux rapports d'enchaînement logiques, qui assurent le sens de tout discours[3].

Ces principes au fondement de la communication interpellent le relationniste dans une démarche essentielle.

Ce dernier ne peut négliger la contribution des TIC. La technique est un facilitateur et ce rôle est longuement légitimé entre autres dans les travaux de Marshall McLuhan et de Dominique Lestel.

Leur analyse minutieuse donne le poids aux travaux de l'anthropotechnique, cette dimension de l'anthropologie qui étudie la relation entre la technique et le façonnement de l'être humain à travers les âges depuis la Préhistoire. Les développements techniques sont liés à l'évolution physique de l'être humain et, en retour, ces développements viennent sculpter l'individu.

1.5 LE BESOIN DE COMPRENDRE L'ALAMBIQUÉ

Qu'est-ce que le public québécois a retenu des soi-disant déboires de la Caisse de dépôt et placement du Québec en février 2009 ? Il est persuadé qu'elle a perdu 40 milliards de dollars en une année, une bonne partie à cause de ses investissements dans le papier commercial adossé à des actifs ! Quel message a été compris et retenu de cet épisode si ce ne sont que les grands titres dans les quotidiens, les critiques de l'opposition et les craintes exagérées par les animateurs de tribunes téléphoniques à la radio ? À qui revenait le rôle d'expliquer clairement l'enjeu et la nature réelle des pertes ? À qui revenait le rôle de fournir de l'information pour éclairer le public ? Qui n'a pas eu l'audace de la transparence ? Pourquoi l'enjeu s'est-il transformé en cafouillage digne de contribuer à l'anxiété d'une population qui est déjà aux prises avec une crise économique grave ? Pour quelles raisons la « crise » de la Caisse a-t-elle duré si longtemps ?

Chacun sa chasse-gardée. L'encadrement du relationniste est d'abord d'assurer une communication ordonnée et limpide avec les publics de l'entreprise afin de protéger la marque de celle-ci et de conserver la confiance de ces derniers. Le journaliste a le devoir de surveiller puis de fournir des informations sur un enjeu en vue d'éclairer le public et de sauvegarder ses droits.

---

3. De Saussure 1995.

La convergence de leur rôle se situe à deux niveaux : maintenir une relation continue afin que s'échangent des informations pour élucider les questions mystérieuses, comme la finance, et fournir une information digeste pour un public distrait, parfois inattentif et qui doit conjuguer avec un grand nombre de messages quotidiennement.

1.6 LE MÉNAGE JOURNALISTE-RELATIONNISTE

Bien sûr, le client demeurera sans contredit le public prioritaire de l'entreprise. Cette dernière devra toujours le garder à l'œil pour le satisfaire et le fidéliser par ses biens et services. Cependant, les gestionnaires ne peuvent pas se permettre de manquer de vigilance envers cet autre public qui, dans une société démocratique, se donne pour mission d'être le chien de garde principal du consommateur et de l'intérêt public : les médias occupent ce terrain. Voilà une réalité incontournable !

Le ménage journaliste-relationniste relève de l'accommodement réciproque. Les deux ont besoin l'un de l'autre et peuvent difficilement devenir des amis. Le journaliste ne peut se passer du communicateur pour obtenir les renseignements nécessaires à la nouvelle et pour avoir accès aux spécialistes en la matière. Le relationniste se sert du journaliste comme courroie de transmission de messages à des publics variés.

Bien comprendre les journalistes et le milieu dans lequel ils effectuent leur travail permettra aux communicateurs de conjuguer d'égal à égal avec eux. Les médias ont longtemps dicté les règles du jeu pour construire la nouvelle, en imposant un échéancier, en talonnant l'interlocuteur propice, en le martelant de questions et parfois en sacrifiant ses droits fondamentaux. Les professionnels de la communication jouissent dorénavant d'un meilleur encadrement, de sorte qu'ils sont aptes à se prêter aux exigences des journalistes.

Le journaliste et le relationniste travaillent aussi d'égal à égal. Les reporters d'aujourd'hui ont suivi une formation poussée dans des écoles de journalisme et des universités. Les « relationnistes » ou communicateurs ne sont plus improvisés ou délégués par la direction. Ils sortent également des cégeps et des universités, munis d'un diplôme, d'un baccalauréat ou d'une maîtrise en communication. L'entreprise et les organismes reconnaissent la spécialité et l'exigent à l'embauche. C'est la norme dorénavant.

CHAPITRE 2

L'arrimage de la culture, de la technologie et de la profession

2.1 OBJECTIF

Le relationniste évolue dans un environnement technologique qui redéfinit la profession. La technique et son perfectionnement transforment le faire et le savoir-faire. De nouveaux défis liés à l'usage de médias très performants se posent. Le relationniste doit conjuguer avec des médias qui ont accès à une sophistication de moyens technologiques qui imposent leur mode de fonctionnement sur le choix des contenus ainsi que sur les modes de diffusion inédits. On y retrouve ainsi tous les ingrédients pour une gestion créative et des pratiques novatrices. Les principes qui sont présentés ci-dessous appuient l'explication des changements technologiques en cours et, par déduction, la réinvention de la profession de relationniste.

2.2 LES TIC ET LES CHANGEMENTS EN COURS

L'influence de la technologie sur le travail au quotidien ne peut être contournée, et pour cause. La fonction du relationniste consiste en un transfert régulier d'information et ce mode d'opération requiert l'utilisation des moyens de communication les plus efficaces. Tout comme dans le domaine de l'édition, on assiste à une réinvention de la profession[1]. Le travail du relationniste se redéploie autour des technologies performantes ; il est réceptif du progrès technique tout comme il est aussi contraint par ce dernier. Les changements s'inscrivent en continu et, comme le rappelle si bien Héraclite vers l'an 500 avant notre ère, la seule permanence est celle du changement[2].

Ce constat se voit éclairé par des analyses menées depuis nombre d'années par les anthropologues de la technique qui ont pu établir ce lien étroit entre les développements scientifiques et techniques et les mécanismes d'évolution des sociétés. Parmi les premiers à s'intéresser à cette relation, il faut citer le préhistorien André Leroi-Gourhan qui a distingué trois aspects essentiels à l'étude de la technologie : le premier est celui des techniques elles-mêmes, le second vise moins la technique que ses instruments et le troisième est celui de la place des techniques dans la société[3]. Ce dernier aspect nous intéresse particulièrement. Ce spécialiste a su démontrer que la technologie a été un accélérateur dans le développement du cerveau humain et que progressivement les modes de vie se sont transformés. Dans son étude *Le geste et la parole*[4], il explique comment les avancées techniques ont contribué à un renforcement des processus cognitifs qui permirent à l'individu de dépasser la linéarité à laquelle il était contraint. Il établit le pont entre l'outil et le développement des structures mentales et des modes cognitifs. Selon lui, les technologies ont permis de libérer la main liée à l'écriture et, de là, s'est établi un nouveau rapport à la pensée[5]. Ses travaux, ayant presque valeur prémonitoire pour l'époque (les années 1943-1960), se voient aujourd'hui confirmés par nombre de pratiques des usagers. En effet, les processus associatifs se voient stimulés par une technologie interactive qui permet d'échapper au strict processus d'enchaînement logique et linéaire.

On ne peut passer sous silence la pertinence de sa contribution, car c'est précisément ce que l'on observe dans le nouvel environnement numérique contemporain et les restructurations qu'il exige. La codification est au cœur de ce nouvel environnement.

---

1.   Boily 2003.
2.   Dans Morgan 1989, p. 269.
3.   Leroi-Gourhan 1971, p. 313-314.
4.   1964.
5.   Boily 2009.

2.3 LA CODIFICATION ET L'ANTHROPOTECHNIQUE

Les technologies contemporaines de communication reposent sur la codification, c'est-à-dire le processus de conversion de l'information. La notion de codification retenue ici renvoie à celle d'outil de transfert de l'information, du savoir, mais aussi à celle d'outil de création de nouveaux savoirs. Elle constitue un élément déterminant dans la compréhension des transformations en cours au sein des entreprises qui nous intéressent[6]. Ainsi, le journaliste ayant accès à de nouvelles informations peut replacer ces dernières en comparaison avec des connaissances acquises et apporter un nouvel éclairage ou de nouvelles interprétations des événements locaux, nationaux et internationaux.

Dominique Foray apporte des clarifications essentielles sur les fonctions de la codification. Selon lui, la première qui est visible est celle d'une fonction de mémorisation et de transfert au-delà du temps qui permet la capacité de mémoire collective. La seconde qui est invisible fait référence à cette capacité de manipuler les représentations symboliques en les recombinant, en les juxtaposant et en les revisualisant[7]. La codification assure une plus grande accessibilité aux données ainsi qu'une plus grande flexibilité d'usages ; « [...] c'est aussi un travail de création qui suppose de procéder à de nouveaux découpages et recompositions des savoirs[8] ». C'est pour cette raison que la codification occupe une place de premier plan dans le fonctionnement des entreprises de communication comme dans les industries culturelles. Ces dernières mobilisent savoir, technologie et créativité.

De plus, avec le transfert des savoirs par la codification se profile la numérisation du social et de la culture. Ce concept correspond à la capacité de traduire, d'encastrer par la mathématisation, voire la simulation, les qualités humaines du savoir, du savoir-faire et du savoir-être. Ce phénomène constitue la véritable révolution apportée par les TIC. Cette numérisation du social et de la culture se matérialise par de nouveaux types d'échanges grâce aux réseaux de communication. De nombreux avantages s'y rattachent. Des échanges et des partenariats stratégiques peuvent avoir lieu entre organisations et individus (démarches administratives, procédures, services, enseignement, apprentissage et loisirs), entre groupes d'individus (jeux en réseau et clubs de passionnés) ou directement entre particuliers (sites de rencontres, contacts interpersonnels et correspondants)[9]. La numérisation et Internet y jouent un rôle de catalyseur.

---

6.   Boily 2009.
7.   Foray 2004, p. 76, 79.
8.   Foray 2000, p. 40.
9.   Boily 2006, 2007a, b.

À titre d'exemple et près de nous, on observe le cas des quotidiens anglophones de Quebecor qui se sont réseautés par l'intermédiaire du Web pour créer leur propre agence de nouvelles et neutraliser ainsi la dépendance sur les grandes agences de presse internationales.

De plus, la puissance et l'ajout des gains de productivité que permet la numérisation peuvent expliquer en partie les grands mouvements récents de compagnies qui se sont orientées vers la fusion et l'acquisition d'entreprises de communication, que ce soit pour les contenus ou l'offre de services et de distribution. Nous avons des exemples de cela : AOL/Time Warner et Quebecor/ Vidéotron. On assiste au mariage de la traditionnelle économie du contenu (les médias, le divertissement, les films et la musique) avec la nouvelle économie de services (Internet, cablôdistribution, téléphonie et télédiffusion). La concentration des fichiers numériques (sons, images, écrits, films, vidéos, photos) entre les mains d'un même propriétaire facilite un nouveau mode de production, des gains de productivité accrus et renforce l'établissement de conglomérats. La numérisation provoque ce phénomène de convergence. Ce qui se passe actuellement dans l'économie mondiale s'explique en grande partie par cette révolution du numérique[10]. Cette révolution s'amplifie avec l'utilisation d'Internet et du Web. La numérisation mène à des choix qui sont si nombreux que le consommateur précise ses intérêts, ses sources et son contenu à la carte. Internet lui permet de faire le tri selon ses propres indicateurs.

2.4 DES MÉDIAS TRADITIONNELS À INTERNET ET AU WEB

À la différence des médias traditionnels qui fonctionnent de façon unidirectionnelle dans le sens allant de l'organisation au particulier, Internet est bidirectionnel. Il réfère au réseau mondial d'interconnexion et facilite l'accès à nombre d'informations, de bases de données. Quant au Web, c'est un système interactif hypertexte qui permet, par l'utilisation d'Internet, l'accès à des documents hypermédias par l'intermédiaire d'un navigateur et favorise la libre expression de groupes ou d'individus (blogues et groupes de discussion).

Deux voies dirigent l'analyse dans la compréhension de ces dispositifs qui contribuent à la reformulation de la culture en matière soit de dynamisme soit d'inertie. Par dynamisme culturel, nous voulons signifier l'injection d'idées créatrices, de nouveautés, d'ouverture à la différence alors que le concept d'inertie renvoie au statu quo, au maintien des valeurs dominantes et souvent

---

10. Boily 2003, p. 132.

au repli identitaire. Ces distinctions essentielles dans le déploiement des transformations qui nous occupent sont conditionnées par les types de technologies qui servent de soutien à leur expression au sein des entreprises de communication. Le travail du relationniste s'effectue en interface avec ces technologies.

Les développements scientifiques ont permis l'existence d'un monde virtuel qui recule les limites du connu. L'espace virtuel créé est un lieu où l'on peut projeter des expérimentations novatrices ; par la suite, ces dernières peuvent se réinscrire dans le vécu, dans le monde matériel.

2.5 LA TECHNOLOGIE : UNE « PROTHÈSE COGNITIVE »

L'analyse des phénomènes d'appropriation des technologies de communication au sein des sociétés actuelles renforce l'idée que nous vivons de plus en plus dans un monde interconnecté. Nous pensons le monde constamment entre le local et le global. C'est dans une perspective comparative et en utilisant une démarche transdisciplinaire qu'il est possible de saisir et de comprendre les transformations que la technologie apporte dans nos modes de cartographie et de mobilisation des savoirs. Des stratégies novatrices sont repérables tant dans les productions culturelles que dans le développement de la nouvelle économie. Comme le rappelait Marshall McLuhan, la technique, c'est l'humain en puissance ! C'est l'extension perfectionnée de nos sens ! C'est une prothèse cognitive qui élargit le domaine de l'abstraction et, pour reprendre Dominique Lestel, c'est un cortex ajouté au cerveau. Elle procure une extension pour échapper à nos propres limites. Quelques exemples tirés de nos recherches sur les médias démontrent que la culture est de plus en plus sculptée par la technique et les technologies de communication. McLuhan disait : « Tous les médias ont ce pouvoir d'imposer à quiconque n'est pas sur ses gardes les postulats sur lesquels ils reposent[11]. » L'analyse de productions médiatiques démontre qu'il n'y a qu'un pas entre les schèmes opératoires de certains logiciels et le mode de structuration des émissions d'information, des magazines d'actualité et même des quotidiens. Nous pouvons après McLuhan parler d'extension perfectionnée de nos sens et du recul de nos limites.

Une comparaison peut aussi s'établir à plusieurs niveaux entre la technologie et la langue. La langue est un moyen privilégié de communication qui a fourni plus qu'une possibilité d'élocution ; elle s'est révélée une matrice

---

11. McLuhan 1968, p. 31.

référentielle pour développer une structure de pensée, qui de là a permis un mode particulier d'appréhension, d'explication et d'appropriation du monde[12]. Par exemple, la langue, tout en procurant une syntaxe d'élocution, prescrit une syntaxe de la gestuelle que l'on peut aussi qualifier de corporelle. Les règles précises de la langue sont transférées dans le mode de gestion de la proximité et de la densité humaine. Une fois inscrite dans ces rapports au corps et à la distance, elle est transposée dans le social. Elle sert de référence pour gérer les rapports d'altérité. On parle alors de syntaxe sociale.

Par analogie à la langue, les technologies de communication fournissent des «syntaxes» pour un mode électronique de fonctionnement en réseaux, pour la circulation de l'information et pour la production de connaissances nouvelles. Les rapprochements sont nombreux. L'ordinateur matérialise le cerveau; l'informatique reprend les structures langagières au niveau de la syntaxe et de ses règles d'organisation du savoir; les logiciels déploient la logique dans une précision rigoureuse; la numérisation renforce le processus d'abstraction et de créativité par la convergence de divers supports médiatiques; le multimédia et l'hypertexte ajoutent à la capacité de mobilisation rapide des connaissances; le réseau électronique court-circuite la notion traditionnelle de territorialité, d'espace et de temps, il redéfinit le travail, les organisations et redéploie l'économie dans une économie du savoir. Cette économie est facilitée par l'action directe en mode réticulaire pour des partenariats variés, qu'ils soient financiers, académiques, scientifiques ou sociaux. On transforme les façons traditionnelles du faire et du faire-faire.

Ces technologies sont de véritables extensions de l'être humain. Ce sont des moyens puissants pour penser le monde et se penser avec un sens du dépassement et d'auto-détermination par opposition au poids des institutions. Dans son livre *La Galaxie Gutenberg*, Marshall McLuhan soutenait que les technologies jouent un rôle fondamental dans la conception et l'élaboration des cadres de référence sociaux et individuels:

> Toutes les technologies tendent à créer un nouvel environnement humain. Ce sont le papyrus et l'écriture manuscrite qui ont créé l'environnement social qu'évoque pour nous le monde antique. L'étrier et la roue ont créé des environnements uniques dont l'influence a été énorme. Les environnements technologiques ne sont pas simplement d'inertes contenants d'êtres humains: ce sont des processus actifs qui refaçonnent également les êtres et les autres technologies[13].

---

12. Boily 1996.
13. McLuhan 1967, p. 7-8.

Les technologies de communication apportent ainsi une dynamique autre.

Nous disposons de supports performants dont les usages foisonnent de façon innovante dans le transfert du savoir, dans la numérisation de la culture et où se joue la double compression du temps et de l'espace. Les développements scientifiques et techniques se déploient en continu et leur application au sein des entreprises de communication et d'Internet devient le lieu contemporain d'enregistrement de la vie au quotidien. La codification y joue un rôle de plus en plus grand car elle raffermit la mémoire collective tout en y facilitant l'accès. Elle établit un pont entre les savoirs et l'agencement créatif que l'on peut en faire dans de nouvelles expérimentations qui reculent les limites du connu. La codification représente donc un enjeu de taille dans le transfert de l'information.

C'est en regard de ces considérations que l'analyse de la technique, depuis le processus de codification jusqu'à la prise en charge du produit fini par l'usager et le relationniste, mérite qu'on s'y attarde. C'est à ce niveau que se situent les graves problèmes engendrés par ce qu'on appelle l'homogénéisation des contenus et la standardisation de la culture. Face à cet énoncé, il faut reconnaître que la codification n'est pas seulement une simple technique, c'est un processus de sélection : c'est une construction sociale[14]. Elle fixe, cristallise la représentation et les interprétations sélectionnées et, à ce titre, laisse des empreintes mentales qui influencent les processus cognitifs[15]. La fonction de cristallisation que ce processus technique impose à la construction de la représentation mérite d'en questionner les retombées.

2.6 LA DOMESTICATION ET LA LIBÉRALISATION ?

Les travaux anthropologiques relatifs à la domestication de l'esprit humain par les développements scientifiques et techniques éclairent le phénomène qui nous intéresse. Ce domaine de recherche est en pleine expansion. On s'intéresse au développement de la culture dans son sens anthropologique et, par conséquent, au rôle que nos moyens de communication exercent sur les processus cognitifs. Déjà Hannah Arendt[16] énonçait que nous étions des « inventions humaines » façonnées par la culture et le politique. On ne peut contourner la thèse de la fabrication de l'humain par lui-même. Le concept d'anthropotechnique que

---

14. Steinmueller 2000.
15. Deleuze 1985.
16. Arendt 1983.

l'on retrouve récemment dans les travaux de Peter Sloterdijk et qui rejoint ceux de Jack Goody[17], de Pierre Legendre[18], trouve une résonance bien particulière et conforte le fait fondamental que l'être humain est le produit de ses découvertes, que son habileté à fabriquer des outils définit son mode particulier d'être et que l'essence de l'individu se saisit avec la technique[19]. L'individu crée ainsi son environnement et cet environnement en retour le façonne. L'adage de Churchill y trouve bien sa pertinence ; ce dernier disait : « Nous façonnons notre environnement, nous lui donnons des formes et des structures et par la suite ce sont elles qui nous façonnent, nous sculptent, nous conditionnent[20]. » De même sommes-nous réceptifs de l'environnement technique que nous créons autour de nous. Cet environnement est parfois à un niveau de sophistication très avancé, voire qui nous devance à maints égards, tout comme le formulait l'essayiste américain Thoreau à la fin du XIXᵉ siècle. Il résumait en ces termes notre problème de relation à nos inventions techniques : « [...] nous sommes devenus les outils de nos outils. Nous avons inventé un nombre impressionnant de machines et maintenant ce sont ces machines qui nous réinventent. Ironiquement, plus elles sont devenues sophistiquées, plus nous sommes devenus primitifs ; le plus actives elles sont, le plus passifs nous sommes, et le véritable monde rétrécit de plus en plus[21]. »

Or, ces inventions, au lieu de nous piéger ou de nous contraindre, peuvent être des catalyseurs pour établir de nouveaux rapports à l'exercice des professions de la communication et pouvoir en penser la pratique dans une dimension de flexibilité et d'adaptabilité. Les points de vue du philosophe Henry Thoreau exprimés à la fin du XIXᵉ siècle ajoutent à la réflexion, mais traduisent bien l'idée de McLuhan en ce que les TIC sont des extensions perfectionnées de nos sens et qu'il peut exister une relation privilégiée entre nos inventions techniques et la capacité qu'elles offrent pour inventer un environnement stimulant tout en domestiquant le meilleur des capacités humaines. Ici le relationniste peut y laisser sa marque.

Plus près de nous, l'anthropologue Jack Goody s'est penché sur le rôle que les moyens de communication exercent sur la domestication de l'esprit humain et, par conséquent, sur le développement de la culture. Goody, tout en confrontant les travaux essentiels sur ce thème, étudie à travers l'histoire les formes de codification utilisées par les sociétés humaines pour mémoriser l'information

---

17. Goody 1977.
18. Legendre 1996.
19. Sloterdjik 2000.
20. Traduction de Hall 1966, p. 106.
21. Traduction de Mitroff et Bennis 1993, p. 21.

sur elles-mêmes mais aussi pour créer une sorte de mémoire collective externe aux individus. Il conclut que ces moyens ne servent pas uniquement à reproduire la connaissance, mais que ce sont des moules, des « matrices formelles » qui structurent et déterminent le contenu. Pour lui les listes, les formules, les tables sont des outils puissants qui ont servi à domestiquer la pensée sauvage, à sculpter la culture[22]. Les moyens de communication traditionnels et les nouveaux médias ne sont pas de simples supports de transmission : ils imprègnent la civilisation, la modèlent.

Comment ce façonnage, ce passage s'opère-t-il ? De l'individu-sujet au collectif dans une première étape pour ensuite passer du sujet collectif redistribué ou médiatisé par les TIC. On retrouve ainsi les contributions de S.L. Rubinstein[23] dont les travaux sur la nature des capacités et le transfert des compétences précisent la nature du sujet social. Puis, il y a celles de ses disciples qui développent alors la notion du sujet collectif[24]. Ce sujet collectif ne consiste pas en une somme des sujets, mais bien en l'expression et la formulation d'une nouvelle production : c'est une création qui émerge de façon inédite d'un processus de recomposition et qui est autre que l'individu-sujet, que l'ensemble des sujets ; c'est un sujet collectif ! Cette troisième composante se déploie en spirale, provoquant et stimulant avec elle le dynamisme culturel[25].

2.7 L'ÉCONOMIE DU SAVOIR

La révolution technologique permet également le développement de l'économie fondée sur la connaissance. Cette dernière s'appuie sur les développements scientifiques de plus en plus sophistiqués tout en constituant la principale source de croissance dans l'économie contemporaine[26]. L'économie de la connaissance offre des concepts et des outils qui permettent de traiter les problèmes reliés aux transformations qui s'opèrent au sein des entreprises de communication. La codification y occupe une place essentielle et comporte cependant des limites dans la fiabilité de transmission des savoirs[27].

Il existe deux tendances dominantes observées dans l'analyse des retombées des TIC au sein de l'économie du savoir. D'une part on soutient que les développements technologiques favorisent la créativité et l'accès à la diversité tout

22. Goody 1977, p. 11.
23. Rubinstein 1957.
24. Lomov 1979, 1984 ; Lahlou, Nosulenko et Samoylenko 2002.
25. Boily 2006 ; Boily et Dalbéra 2007.
26. Castells 1999 ; Foray 2004.
27. Cowan, David et Foray 2000.

en assurant le dynamisme culturel. D'autre part, on critique ces développements car, à l'opposé de ce qui est prétendu, ils contribueraient à la standardisation des valeurs, au renforcement des enclaves culturelles et à la massification de la culture. Ces deux orientations contradictoires sont liées à des approches théoriques rattachées à la gestion du savoir, spécifiquement, la relation entre information et connaissance et la possibilité de codifier ou non toute forme de connaissance[28].

Même si beaucoup de l'information transmise par les TIC peut être fondamentale pour promouvoir le politique et le culturel, les problèmes liés à la sélection de l'information qui y est représentée ne sont pas facilement détectables et ciblés. En effet, ce processus repose sur des valeurs culturelles, économiques et politiques qui touchent le savoir, le savoir-faire et le savoir-être[29]. L'information qui est sélectionnée est dépendante de l'individu ou du groupe qui l'effectue, ce qui entraîne des formes possibles de réduction et un certain filtrage. Sur le plan épistémologique, nous sommes ainsi amenés à reconnaître une valeur relative, voire arbitraire à la codification. Si la codification est un processus social, on peut donc penser, mémoriser, numériser avec des visées purement utilitaristes. Selon certains spécialistes, les dangers de cette dimension strictement utilitaire peuvent conduire sur le long terme à une standardisation de contenus et de valeurs culturelles que l'on va privilégier au détriment d'autres valeurs.

De plus, ces orientations contradictoires sont ancrées dans des approches théoriques conflictuelles qui rejoignent deux grands courants des études en communication qui s'intéressent au phénomène de démassification des médias[30]. Le premier met en garde contre les dangers potentiels d'homogénéisation que les produits culturels peuvent entraîner sur le développement des sociétés avec les effets pervers qui leur sont associés. On remarque un déséquilibre au niveau de la conscience individuelle et de la conscience collective sous la pression des totalitarismes religieux, économiques et culturels qui tendent à éliminer la «diversité[31]». Le deuxième s'inscrit en opposition à la thèse de l'homogénéisation en suggérant que la convergence technologique risque de conduire à l'atomisation de la société puisque les consommateurs ont l'option personnelle de choisir des produits culturels qui répondent à leur système de valeurs, à leur vision du monde, à leurs idéologies de référence et à leur structure d'intérêt, favorisant ainsi un éclatement, une société de plus

---

28.   Cohendet et Steinmueller 2000; Nonaka et Takeuchi 1997.
29.   Boily 1998, 2004; Paré 2002.
30.   Attalah et Shade 2002.
31.   Barber 1996; Schiller 2000.

en plus fragmentée et dans laquelle on observe une diversité de goûts, d'expressions, de manifestations[32].

Face aux théories favorisant l'émancipation et la démocratie par la communication, il convient de mettre en relief le rôle actif de l'individu récepteur-producteur avec la technologie dans la recomposition des savoirs. Ce processus constitue un capital cognitif précieux tout en valorisant la fonction d'individu « hypertexte » dans la société du savoir et la net-économie[33]. Cet individu recompose avec les moyens techniques à sa disposition un environnement adapté au contexte de la postmodernité. Les moyens techniques sont considérés comme des artefacts culturels et ils se retrouvent inclus avec le comportement de l'utilisateur dans l'ensemble de tout processus d'analyse visant la compréhension des usages liés au TIC. La théorie de « l'acteur-réseau » élaborée par Callon et Latour (2006) inclut activement le rôle de la technologie dans le geste que fait l'usager ; la technique n'est pas neutre : c'est un agent qui provoque et stimule la nature même des nouveaux rapports sociaux engendrés et médiatisés à travers elle. Le rôle d'artefact culturel est entre autres attribué au Web 2.0 qui est une partie effective des changements en cours puisqu'il provoque et nourrit l'interactivité de l'usager. Son développement valorise la participation du citoyen et facilite une appropriation des TIC dans leur potentialité visant l'autonomisation des individus. L'interactivité est très présente dans les phénomènes de société que l'on observe sur ce Web. Pensons entre autres au cas de Susan Boyle, la candidate du concours *Britain has Talent* en Angleterre, ou encore à Facebook et son utilisation récente dans le processus électoral américain qui a joué un rôle stratégique dans l'élection de Barak Obama.

Tout cela s'inscrit dans la capacité qu'a le virtuel de reculer les limites imposées par les contraintes de l'environnement matériel immédiat. Il en est ainsi pour plusieurs secteurs de recherche dans lesquels l'expérimentation au niveau de l'espace virtuel permet par la suite de transposer ces expériences dans le monde réel. À titre d'exemple, on mentionnera les travaux de la médecine moléculaire, la simulation dans l'apprentissage de la médecine ou encore de la navigation aérienne.

On ne peut contourner le fait qu'il existe une réciprocité entre la technologie et la culture. Si le Web avec Internet assure l'accès aux données de base pour stimuler l'économie du savoir, les récepteurs de cette information, en retour, exigent de la technologie encore plus de précisions et de performance :

32. Susstein 2002 ; Starowicz 2000.
33. Ascher 2000.

les avancées technologiques se profilent ainsi en continu. Ce fonctionnement bidirectionnel et complexe entre culture et technologie provoque le changement du faire et du faire-faire tout en exigeant des transitions créatives. Ce changement, s'il est bien géré, conditionne l'innovation car le changement favorise ceux qui savent l'exploiter et «exploiter le changement s'appelle innover[34]». À titre d'exemple, Google offre au consommateur la capacité d'extraire une information pointue, avec une rapidité incroyable, grâce une technologie qu'il met au point de façon soutenue. Pour y arriver, Google a développé une sensibilité et une réceptivité aux besoins de l'usager en perfectionnant constamment son système de Thesaurus et de catégories sémantiques afin de ponctuer très précisément la recherche du demandeur.

2.8 LE WEB ÉVOLUTIF

Le Web 2.0 se veut le Web social et aussi le Webdiffusion où se développent activement les communautés en ligne et où les gens contribuent au contenu : on attribue même à ces derniers le rôle de citoyen-journaliste. On lira avec intérêt l'article intitulé «L'avenir des médias» publié le mardi 21 avril 2009 par *LeStudio1.com* à l'adresse suivante : http ://www.lestudio1.com/blogues.

L'évolution technique permet au Web de s'inscrire de plus en plus comme plateforme numérique et non comme média. En raison de sa nature interactive et de sa présence tant dans le milieu domestique que dans celui des affaires, les entreprises s'arriment au Web pour une prestation de services aux consommateurs. Les médias traditionnels y migrent sous l'influence de la Net-économie et offrent maintenant une nouvelle classe de produits hybrides dont des adaptations de magazines et de journaux traditionnels.

Avec le Web 2.0, tel qu'il est élaboré par Tim O'Reilly et John Battelle en 2004, se développe entre autres le magazine en ligne qui s'inspire de la logique même de cette technologie pour élaborer un contenu médiatique qui fournit une expérience différente de son équivalent imprimé. On visitera avec curiosité *LeStudio1.com*, magazine recourant abondamment à la fonction hypermédia et que l'on décrit ainsi : «Le magazine Internet pour ceux qui veulent tout savoir… partout dans le monde!»

La technologie Web, considérée comme un artefact culturel, ponctue de plus en plus la précision du service à la demande tout en valorisant le goût et la préférence de l'usager. On observe le brouillage de la frontière entre producteur

---

34. Rousseaux 2007, p. 211.

et consommateur où le consommateur devient producteur. Les progrès se multiplient et rien ne semble en arrêter la marche. L'arrivée du Web 2.0 conduit les médias traditionnels à y émigrer.

On observe plusieurs critiques voulant que la formule des imprimés mue par la publicité ne fonctionne plus dans cette ère de la numérisation. Certains médias ont entrepris de s'adapter au début de 2009. Par exemple, le cas du *Time* illustre bien l'urgence de s'adapter aux consommateurs et à ce type de migration vers le Web. Ce périodique offre à ses abonnés de structurer le contenu de la version du *Times* « à la carte », permettant ainsi au lecteur de choisir les articles qui l'intéressent à l'intérieur de ce magazine et d'autres du même éditeur pour se créer gratuitement son propre magazine de 36 pages qu'il peut recevoir en ligne ou sur papier. De son côté, *La Presse* de Montréal offre maintenant à ses abonnés de consulter sur Internet le quotidien en entier, tel qu'il est produit en format papier, au coût de 2 $ par mois. Voilà deux innovations à l'échelle mondiale !

Depuis 2008, les progrès du World Wide Web continuent vers ce qu'on appelle un Web *sémantique*, le Web 3.0, et déjà se profilent d'autres types d'usages. On anticipe également le Web 4.0, lequel, selon Joël de Rosnay, sera le Web *symbiotique* qui rejoint cette notion de « sujet collectif » présentée plus haut. On peut alors se demander à juste titre quelles en seront les nouvelles applications et les retombées sur le travail.

2.9 LES RETOMBÉES POUR LE RELATIONNISTE

Ces considérations aident à comprendre l'environnement médiatique dans lequel le relationniste évolue tout en faisant ressortir la complexité des enjeux à gérer ainsi que la nature des contradictions qui s'exercent sur la pratique professionnelle. Depuis la dernière moitié du XXᵉ siècle, les médias ont mené la charge en intégrant les technologies dans leur travail (pour des raisons économiques, de concurrence et autres), gardant les relationnistes à la remorque. Les relationnistes ont dû s'adapter. Aujourd'hui, il semble que les deux se retrouvent dans des positions similaires et travaillent plutôt en complémentarité dans la production de la nouvelle et la « construction » de la réalité sociale.

À l'opposé du mode de fonctionnement rattaché aux médias traditionnels dans lequel le répartiteur ou le réalisateur avait le droit de veto sur la sélection des nouvelles, les transformations technologiques en cours obligent ce dernier à tenir compte du consommateur qui, comme générateur de nouvelles, dicte à son tour le choix des récits, en fonction de ses besoins, des thèmes qu'il privilégie et des valeurs entourant la nouvelle. Les rôles ne sont pas inversés mais de fortes pressions sont exercées par ceux qui tirent les ficelles derrière les événements – parfois des relationnistes. Dorénavant, tout le monde a le pouvoir de mobiliser le savoir et la technologie, ce qui est évident avec les médias sociaux comme Facebook et Twitter. Tout le monde peut modeler, recombiner, juxtaposer : on observe de la déconstruction à la reconstruction. Les défis à relever sont grands face à ce rôle actif que l'on attribue au citoyen-consommateur qui écrit de plus en plus sa propre narration ou son récit des faits.

Bien sûr, les avantages de ces développements techniques sont nombreux en ce qui concerne l'accès à l'information et ses retombées sur la démocratie et l'engagement citoyen. Toutefois il faut être conscient des effets pervers et des déviations d'usages que ces transformations peuvent entraîner sur les phénomènes de désinformation, d'anonymat sur les sources utilisées, de propagande ainsi que ceux de manipulation de données, d'images et d'idées que les procédés techniques viennent faciliter. Ces deux dimensions contradictoires qui se retrouvent souvent en tension seront plus facilement perceptibles dans les chapitres qui suivent.

2.10   UN MARCHÉ POUR CES TECHNOLOGIES

Au Canada, les consommateurs sont nombreux à souscrire et à s'adapter aux nouvelles technologies. Les médias en sont conscients et visent à les rejoindre sur leur nouveau terrain de l'information. Le relationniste a tout avantage à en faire autant, visant ainsi à contourner le filtre du média. Voyons les chiffres des usagers de la technologie en regard de l'actualité.

Le sondage de NETendances sur l'évolution et l'utilisation d'Internet au Québec, réalisé en 2008[35], révèle que le tiers des Québécois (1,7 million sur 4,4 millions) ont accès à la Toile grâce à des appareils mobiles. Le Web est devenu la troisième source d'information des Québécois en matière d'actualités, devançant la radio et se rapprochant de la presse écrite. L'organisme prédit que ce phénomène s'accentuera puisque 24 % des jeunes Québécois de 18 à 34 ans ont adopté le Web pour chercher des nouvelles.

En 2008, au Canada 84 % de la population avait accès à Internet, soit 28 millions de personnes[36] et 67 % d'entre elles étaient abonnées à un téléphone

---

35.   Ce sondage, mené par le CEFRIO et Léger marketing en 2008, est basé sur 12 150 entrevues téléphoniques. La marge d'erreur des résultats mensuels (un minimum de 1 000 entrevues par mois) est de plus ou moins 3,1 %, 19 fois sur 20.

36.   Rapport de l'International Communications Union, données de mars 2008.

sans fil[37], soit 21,5 millions. De ce nombre, environ 30 % ont accès à la Toile par leur téléphone portable au moins une fois par semaine.

Statistique Canada révélait que 64 % des Canadiens en 2007 consultaient Internet pour chercher des nouvelles et 28 % pour écouter la radio[38]. Dans chaque cas, il s'agissait d'une augmentation de 2 % par rapport à 2005. De plus, l'utilisation d'Internet augmente chaque année pour tous les groupes d'âges, particulièrement pour ceux que l'on appelle les «natifs numériques» dont l'âge varie entre 16 à 24 ans et les «immigrants numériques» de 65 ans et plus.

Enfin, les consommateurs consultent les sites Web de nouvelles de plus en plus souvent. Par exemple, plus de 1,6 millions de personnes visitent cyber-presse.ca chaque mois pour lire les six quotidiens du groupe Gesca et y passent en moyenne 38,3 minutes chaque fois. C'est le site d'information canadien le plus fréquenté[39]. Le format papier de *La Presse* est lu quand même par 699 000 personnes en semaine[40]. Pour *The Gazette*, le nombre de lecteurs du format papier se chiffre à 450 000 en semaine et 1 14 000 visiteurs en version Internet. *Le Devoir*, qui vend 28 458 exemplaires de son quotidien chaque jour, reçoit 400 000 visiteurs chaque mois à son site Web[41]. La référence demeure le site du *New York Times* qui recevait 12 millions de visiteurs chaque mois par abonnement annuel de 50 $US. Cependant, quand il a supprimé le paiement deux ans plus tard en septembre 2008, son audience a grimpé à 20 millions en trois mois !

Le nombre de «mobinautes», comme on surnomme les internautes qui accèdent à la Toile par des appareils mobiles, devrait atteindre une masse critique à l'échelle canadienne au tournant de la prochaine décennie.

La technologie de l'information fait désormais partie de notre vie et les gens la considèrent maintenant comme un service de base. Comme société, nous nous sommes adaptés à ce mode de transmission et de réception de la nouvelle.

---

37. Sondage mené par Harris/Décima pour le compte de l'Association canadienne des télécommunications sans fil, réalisé auprès de 2 300 canadiens du 28 juillet au 8 août 2008 ; le rapport de septembre 2008 est intitulé *2008 Wireless Attitudes Study*.
38. Le Quotidien de Statistique Canada du 12 juin 2008.
39. Selon comScore Media Metrix, Canada pour le mois de septembre 2009.
40. Selon comScore Media Metrix, Canada pour le mois de février 2009.
41. Le tirage d'avril 2009 de l'Audit Bureau of Circulation et les données de Google Analytics.

Le constat des transformations technologiques sur l'environnement dans lequel évolue le relationniste nous amène à jeter un regard critique sur l'ensemble du paysage médiatique canadien et québécois.

Deuxième partie

Connaître les médias

CHAPITRE 3

Le paysage médiatique au Québec et au Canada

....

« *La presse est le quatrième État du Royaume.* »

Thomas Carlyle

3.1 OBJECTIF

Un regard rétrospectif de l'évolution des types de médias peut nous aider à apprécier la juste valeur de cette entreprise et à reconnaître son droit aux pouvoirs que le public lui confère, celui de protéger les intérêts du citoyen-consommateur et celui de veiller à la liberté du citoyen-gouverné. Un bref historique de l'évolution des médias écrits, électroniques et numériques se trouve en annexe.

3.2 L'ÉVOLUTION DES MÉDIAS

La liberté de presse remonte assez loin dans l'histoire. C'est en 1789 que l'article XI de la Déclaration des droits de l'homme et du citoyen affirme : « La libre communication des pensées et des opinions est un des droits les plus précieux de l'homme : tout citoyen peut donc parler, écrire, imprimer librement [...].[1] »

---

1. En ligne : http://www.assemblée-nationale.fr/histoire/dudh/1789.asp.

Toutefois, le combat sur la planète demeure constant. Les médias, leurs associations professionnelles et des groupements internationaux comme Reporteurs sans frontière, veillent au grain quotidiennement, non seulement dans les pays où les droits fondamentaux de la personne sont bafoués mais également dans les pays les plus démocratiques. Depuis les événements du 11 septembre 2001, les pays les plus développés ont cherché à serrer la vis, dans un sens, en se donnant des pouvoirs qui frôlent le non-respect des droits de la personne. Des mesures de protection des frontières, des fouilles des biens et des personnes et des contrôles sur les entrées et sorties des citoyens sont déclarés par les citoyens et les médias et contestés devant les tribunaux.

Le porte-parole de l'entreprise devra tenir compte de ces facteurs avant d'évoquer un quelconque «droit» aux renseignements privés à une demande de divulgation et, ultimement, à une entrevue sur cette question.

3.3 UN AVENIR PROMETTEUR?

Qui peut prétendre connaître la trajectoire des médias au cours du XXIe siècle? Les nano-puces, le numérique et le satellite nous offrent des indices. L'ensemble sera dicté pour une bonne part par les avancées technologiques qui nous présenteront à la fois des super écrans à consommation domestique et des écrans portatifs extrêmement réduits. Voyons où nous en sommes à l'échelle planétaire et pour chacun des types de médias.

Les médias d'information fonctionnent à l'intérieur d'un système beaucoup plus vaste dont il importe de connaître les grandes caractéristiques. De plus, les principaux changements qui ont bouleversé le paysage médiatique canadien depuis l'arrivée de la numérisation de l'information à la fin des années 1980 méritent d'être soulignés.

3.4 UN CHANGEMENT FONDAMENTAL : LE REDÉPLOIEMENT DES RÉSEAUX TRADITIONNELS

Comme on a pu l'apprécier au deuxième chapitre de la première partie, l'industrie mondiale des médias a subi une transformation fondamentale et irréversible qui a rendu désuet le «modèle réseau» traditionnel. Ce modèle était fondé sur un petit nombre d'empires financés surtout par la publicité et fonctionnant en général en un seul secteur médiatique, par exemple celui de la presse.

Depuis une vingtaine d'années, les consommateurs ont pu rechercher les contenus parmi un éventail croissant de moyens de transmission, de canaux, de plateformes interactives et d'appareils. La technologie a modifié rapidement les comportements. L'industrie des médias s'est adaptée tout aussi rapidement afin de limiter les effets de la fragmentation de leurs auditoires. Constatant les limites du modèle de réseau d'autrefois, les réseaux ont compris qu'il était possible d'évoluer vers un modèle multidimensionnel, adaptable et axé sur la clientèle. Tout récemment par exemple, la Société Radio-Canada a compris que le traitement de l'information devait passer par une intégration d'affectation et d'expertise, ciblant à la fois la radio, la télévision et le Web, en réunissant ses effectifs des trois plateformes. Pour y arriver, elle a créé un centre intégré d'affectation[2]. Selon le directeur général de l'information de la SRC, « l'objectif n'est pas d'uniformiser les contenus sur toutes les plateformes, mais de faire profiter au maximum le public de nos expertises uniques et d'accroître l'impact de nos reportages ».

Quelles ont été alors les principales conséquences de cette adaptation des réseaux ? Il y a en deux qui sont particulièrement saillantes. D'abord, on constate la multiplication des canaux et des formats médiatiques. Ensuite, il y a l'augmentation de la durée de vie du contenu par l'offre d'un plus grand volume de contenus numériques qui peuvent être présentés rapidement, facilement et uniformément. Ces contenus sont vendus ou loués par le moyen de médias variés tels le DVD, les cartes mémoire et les téléchargements à l'aide de réseaux fixes et sans fil, la diffusion Web, la vidéo sur demande et la télévision et la radio sur Internet.

Les médias traditionnels devraient-ils craindre l'envahissement d'Internet ? Perdent-ils la guerre contre Internet ? On sait que les analystes remettent souvent en question l'existence future des journaux, de la radio ou de la télévision au profit du grand réseau informatique.

Il semble qu'en fait Internet et les autres médias fassent plutôt bon ménage. Il faut voir premièrement à ce propos que les fabricants d'appareils électroniques mondiaux innovent chaque année en présentant par exemple aux consommateurs des téléviseurs mis en réseau ou encore des films que l'on peut télécharger sur le baladeur. La télé numérique est une façon de rendre la télévision plus accessible puisqu'elle dessert un large bassin de téléspectateurs mobiles et branchés. Il faut considérer ensuite que les revenus tirés de la télévision numérique ne cessent de croître. Les téléviseurs sont de plus en plus petits et offrent

---

2. Annonce faite aux employés de la SRC à Montréal le 24 juin 2009 par le directeur général de l'information, Alain Saulnier.

une étonnante gamme d'écrans plats au plasma. Certains téléviseurs peuvent être branchés à Internet et diffuser du contenu tiré de sites variés sans avoir à passer par un ordinateur personnel. D'autres donnent accès à des centaines de films et d'émissions de télé, directement sur le téléviseur.

Tout cela est rendu possible par la présence d'Internet qui est toutefois loin de remplacer le contenu télévisuel traditionnel. Au contraire! Ce contenu télévisuel traditionnel est plus présent que jamais, de différentes façons et sur tous les types d'appareils. Dans les prochaines années, le diffuseur «généraliste» se transformera probablement en diffuseur «personnalisé», devenant ainsi un énorme distributeur de contenu à la carte, selon les choix particuliers du consommateur.

En ce qui concerne la connectivité à la Toile, le nombre de personnes branchées à Internet est, selon Nielsen, stable dans les pays développés depuis 2002 et se situe à environ 700 millions d'internautes. La croissance récente vient plutôt de la Chine et de l'Inde, si bien que l'on compte 1,1 milliard de personnes connectées à Internet sur la planète. Au chapitre des technologies numériques de communication, c'est le téléphone cellulaire qui est en progression alors qu'aujourd'hui 2,5 milliards de personnes en possèdent un. Près de la moitié de l'humanité, soit trois milliards de personnes, pourraient être des abonnés au cellulaire d'ici 2010 alors que l'industrie prévoit des ventes de 1,3 milliard d'appareils.

Enfin, la télévision et les journaux continueront d'être profondément transformés par Internet. Le cellulaire a la capacité de réunir tous les moyens de communication et de les diffuser à la moitié de l'humanité.

LA FIN DES QUOTIDIENS?

La fin de 2008 et le début de 2009 ont sonné dur pour les grands quotidiens nord-américains. Voici un bref aperçu des événements qui laissent présager un mauvais sort pour les quotidiens de notre Amérique :

- Décembre 2008 : le *Chicago Tribune*, le *Los Angeles Times* et le *Philadelphia Enquirer* se placent sous la protection de la Loi sur les faillites.

- Décembre 2008 : le *Detroit Free Press* annonce qu'il ne livrera son journal papier que trois fois par semaine.

- Février 2009 : le *Rocky Mountain News*, un quotidien de Denver de plus de 150 ans, ferme ses portes à cause de la situation économique, des habitudes changeantes de ses lecteurs et de la concurrence liée à Internet.

- Mars 2009 : le *Seattle Post-Intelligencer*, vieux de 146 ans et avec un tirage de 117 000 exemplaires par jour, imprime son dernier journal le 17 mars, le reléguant à une version Internet.

- Mars 2009 : le *Tucson Citizen* en Arizona ferme ses portes.

- Mars 2009 : Le groupe Tribune Co. fusionne la rédaction étrangère de ses quotidiens *Chicago Tribune* et *Los Angeles Times* qui à eux seuls cumulent des reporters dans 20 grandes villes du monde.

- Avril 2009 : Le *Christian Science Monitor* est disponible en ligne seulement.

Enfin, depuis deux ans, 12 quotidiens américains ont plié bagages.

Nielsen Online a rapporté en janvier 2009[3] une croissance de 16 % en une année des visites uniques aux sites Web de 10 quotidiens américains, dont le *New York Times*, *USA TODAY*, le *Wall Street Journal* et le *Chicago Tribune*. Pour le *New York Times* par exemple, il s'agit de 18,2 millions de visites uniques.

Au Canada, le petit geste marquant une transformation à venir a été celui du *Globe and Mail* qui a cessé de publier son cahier « livres », le reléguant à son site Web. D'autres changements seraient attendus si la tendance de voir les revenus publicitaires décroître dans les imprimés en faveur d'un marché d'Internet où migre une génération plus jeune et plus axée sur la technologie. Pour sa part, la direction du *Globe and Mail* a changé en mai 2009, invoquant le

---

3.   Communiqué de Nielsen Online, le 26 janvier 2009, intitulé *Web Traffic to Top 10 Online Newspapers Grows 16 Percent year-over-Year in December*.

temps d'une profonde réflexion sur la structure et l'avenir de ce grand quotidien national. Puis, la décision de *La Presse* de cesser de publier son numéro du dimanche à la fin de juin 2009, de réduire le format du journal et de demander des concessions importantes de tous ses employés augure mal pour l'ensemble des grands quotidiens du pays. Enfin, le *National Post* a aboli son édition du lundi à compter de juillet 2009 et jusqu'en septembre, citant la baisse des revenus publicitaires. Ce grand journal n'a jamais généré de profits depuis sa création en 1998 et a évité la fermeture en octobre 2009 lorsque Canwest l'a transféré à sa société en commandite afin de permettre une restructuration du quotidien.

3.5 LES HYPERMÉDIAS

Le disque compact (CD) de 12 centimètres inaugurait au début des années 1980 les grands développements attendus dans le domaine des communications. Un seul disque pouvait renfermer 600 mégabits d'informations ou l'équivalent de 150 000 pages dactylographiées. Le cédérom (CD-ROM), le disque compact à mémoire visuelle et le disque compact interactif, le DCI, permettaient de hausser la puissance de traitement des ordinateurs.

Nous vivions désormais l'ère des hypermédias où l'intégration des connaissances pouvait se faire par un mixage d'images, de sons, de textes, de photographies, de graphiques, de base de données et même de dessins animés.

La diffusion de conférences, en temps réel, par l'intermédiaire du Web faisait également ses premiers pas vers la fin des années 1990, bien que les images étaient particulièrement floues et le son, différé de quelques secondes.

La technologie de l'hypermédia s'est énormément perfectionnée, si bien qu'aujourd'hui cette intégration des connaissances se produit avec une étonnante facilité, tant pour la qualité du son que pour celle de l'image. De plus, elle permet de répondre à des logiques d'organisation et à des langages hétérogènes en fusionnant images, son et texte au gré de l'utilisateur.

Enfin, cette technologie est devenue indispensable et a permis aux réseaux d'information d'évoluer. Désormais, on est capable de produire les nouvelles sur le papier, sur Internet et au téléphone, de diffuser du son, du texte, de l'image et de la vidéo – en continu pour le consommateur qui choisit de lire, d'écouter et de regarder ce qu'il veut, quand il le veut et où il le veut!

3.6 LES PRINCIPAUX RÉSEAUX AU CANADA

Pays de 33 millions d'habitants, le Canada compte plusieurs réseaux de médias francophones et anglophones, privés et publics, desservant non seulement les deux principales communautés linguistiques, mais aussi de plus en plus de communautés culturelles. Tous ont connu un réel décloisonnement interne et se déploient maintenant sur plusieurs terrains à la fois. Ainsi, les réseaux qui se spécialisaient jadis du côté soit des journaux, soit de la télévision offrent tous désormais une gamme de services de nouvelles : en ligne, photos, graphiques et services audiovisuels. Quelques réseaux internationaux de nouvelles, tels Associated Press (AP), Agence France-Presse (AFP) et Reuters alimentent les réseaux canadiens surtout en matière de presse écrite.

Les réseaux sont utiles aux sociétés de communication des points de vue économique, concurrentiel et fonctionnel. Ils le sont également pour le consommateur citoyen, pour le consommateur d'entreprise et pour le consommateur gouvernemental. Les réseaux facilitent l'accès à l'information pour tous. Pour certains consommateurs, cependant, cet accès peut s'avérer un couteau à deux tranchants. Une bonne nouvelle peut faire le tour du monde par l'intermédiaire d'un réseau d'information. Une mauvaise nouvelle également.

Le relationniste devra tenir compte des réseaux dans le volet médias de son plan de communication. Les réseaux feront partie d'un mixte, et ce, selon la portée de la nouvelle, surtout si celle-ci dépasse l'intérêt local ou régional. C'est par les réseaux que l'on réussira à donner à la nouvelle un rayonnement national, et même international. Il faut aussi voir que l'évolution des réseaux aura pour conséquences de modifier les conditions de travail dans les salles de nouvelles.

Jetons un coup d'œil rapide sur les principaux réseaux canadiens.

3.6.1 LA SOCIÉTÉ RADIO-CANADA (SRC) ET LA CANADIAN BROADCASTING CORPORATION (CBC)

CBC–Radio-Canada, le télédiffuseur public canadien, offre une gamme très étendue d'émissions de nouvelles, d'information, de divertissement et de sports au moyen de 27 services. C'est le seul radiodiffuseur canadien à offrir des services de radio et de télévision, ainsi que des services Internet et par satellite, en français, en anglais et dans huit langues autochtones. Le rayonnement de la société d'État s'étend d'un bout à l'autre du pays et partout sur la planète. CBC–Radio-Canada se démarque de ses concurrents par l'ampleur du contenu canadien de sa programmation qui dépasse 80 %, à la radio comme à la télévision. Ses deux réseaux d'information continue ont tous deux 90 % de programmation canadienne.

Le réseau d'État compte huit stations de télévision au Québec, dont trois qui lui appartiennent, soit les deux de Montréal (SRC et CBC) et celle de Québec. Les cinq autres sont privées et lui sont affiliées. À l'extérieur du Québec, les réseaux du télédiffuseur public comprennent 32 stations dont 16 lui appartiennent. Sept d'entre elles diffusent la programmation de la SRC et les 25 autres celle de la CBC. De plus, 10 stations privées sont affiliées à la CBC.

Les deux réseaux de radio du télédiffuseur public comportent des stations où le contenu est davantage parlé, soit la Première Chaîne et Radio One, et d'autres qui sont consacrées principalement au contenu musical, soit Espace musique et Radio 2. Onze stations composent la Première Chaîne au Québec, dont neuf appartiennent à Radio-Canada et deux à la CBC. Chacune produit une partie du contenu qu'elle diffuse alors qu'une autre portion de la programmation est produite par la station de Montréal. Le réseau compte aussi 15 autres stations de SRC et 33 stations de la CBC réparties à travers le Canada.

En 2007, CBC–Radio-Canada employait environ 8 300 Canadiens dans 27 bureaux régionaux répartis dans tout le pays. CBC–Radio-Canada possède 14 bureaux à l'étranger.

La SRC et la CBC complètent chacun leurs nouvelles et leur programmation des 27 services par un site Internet riche en informations dans tous les secteurs de leurs champs d'action. Par ailleurs, Radio-Canada s'est doté d'un réseau international de radio qui diffuse dans neuf langues des informations qui font connaître les valeurs canadiennes et les activités sociales, économiques et culturelles du Canada. Il s'agit de Radio-Canada international (RCI), diffusé sur ondes courtes, analogique et numérique, sur Internet et sur les ondes de 400 radios partenaires, publiques, privées, communautaires ou universitaires, dans divers pays.

Enfin, depuis 2005, il est possible d'écouter RCI en Amérique du Nord grâce à la radio satellite Sirius. Depuis novembre 2006, RCI a lancé un nouveau site Web, RCI Viva, qui offre en huit langues une tribune pour les nouveaux immigrants au Canada.

3.6.2 LE RÉSEAU TVA

Le Groupe TVA – dont Quebecor est le principal actionnaire – est proprié-taire à 100 % de six des dix stations qui forment le réseau TVA et de la chaîne spécialisée analogique, le canal Nouvelles (LCN). Le Groupe TVA détient des participations dans deux des stations affiliées du réseau TVA. Quebecor possède également la station généraliste Toronto 1, devenue Sun TV, huit grands quotidiens urbains dont le *Journal de Montréal*, le *Journal de Québec*, le *Toronto Sun*, sept quotidiens gratuits généralement nommés *24 heures* et neuf quotidiens locaux, réunis sous la bannière Corporation Sun Media.

Par l'intermédiaire des 22 magazines des Publications TVA, comme *Échos vedettes* et *Le Lundi*, l'entreprise est active dans le domaine de l'édition d'hebdomadaires et de mensuels d'intérêt général et de divertissement dont les contenus complètent et enrichissent ceux d'émissions de services et de variétés à l'antenne de TVA.

Le portail Canoë-Canoe est aussi détenu par ce réseau. On y voit confluer des contenus produits dans presque toutes les composantes du réseau TVA. Du côté anglais, on trouve aussi les portails 24 Hrs et Cnews.

3.6.3 CANWEST GLOBAL COMMUNICATIONS

Au Canada, Canwest exploite le deuxième réseau de télévision généraliste de langue anglaise, Global Television, et il est le plus important éditeur de journaux, avec 35 % du tirage des quotidiens anglophones.

Canwest possède le *National Post*, 12 autres grands quotidiens, dont *The Ottawa Citizen* et *The Gazette*, un quotidien gratuit, *Metro*, distribué à Montréal et au Canada anglais, ainsi qu'un journal de divertissement en ligne, *Dose*.

Les stations de télévision du réseau Global sont présentes dans les grandes villes où Canwest Global publie des quotidiens. Les 11 stations sont la propriété de l'entreprise. De plus, celle-ci possède huit postes de télévision spécialisée usuelle, dont les chaînes CH, et trois postes de radio. La société a lancé à l'automne de 2007 son réseau de nouvelles, Canwest News Service, lequel réseau dessert ses 12 grands quotidiens, son service de nouvelles de la télévision et FPinformart.ca et Canada.com.

3.6.4 CTVGLOBEMEDIA

CTVglobemedia possède plusieurs sous-réseaux médiatiques. Elle exploite le réseau de télévision généraliste le plus écouté au pays, CTV, et publie le premier quotidien national, le *Globe and Mail*. Au Québec, CTVglobemedia était associée à Cogeco et possédait une part importante de l'ancien réseau

Télévision Quatre-Saisons. Par ailleurs, elle est propriétaire du service satellite-câble ASN qui dessert les provinces de l'Atlantique. Enfin, CTVglobemedia possède, en tout ou en partie, 17 canaux spécialisés tant de langue anglaise que de langue française, ainsi que trois services de télévision à la carte. Au chapitre de la nouvelle, elle est propriétaire de CTV Newsnet, un canal d'information continue qui diffuse 24 heures par jour, et de ROB TV, un canal consacré entièrement au monde des affaires et de la finance.

Le constat est net, chacun de ces grands réseaux agit sur plusieurs terrains à la fois, en faisant circuler de plus en plus les contenus et les personnels entre leurs multiples composantes.

3.6.5 D'AUTRES RÉSEAUX DE NOUVELLES

Certains regroupements de médias ont également constitué leur propre réseau de nouvelles. Corus l'a fait pour l'ensemble de ses stations de radio. Les quotidiens d'Osprey Media et de Sun Media, deux sociétés que possède Quebecor, ont créé *Sun Media* pour les journaux et LCN pour le réseau de TVA qui compte 12 journalistes. Ce réseau compte des journalistes réunis dans une salle de nouvelles commune qui fournissent les journaux locaux de nouvelles régionales et provinciales. Ils sont tous reliés par le portail national Canoë. D'autres petits réseaux, comme Metro News Services et Torstar News Service, ont été créés pour alimenter les quotidiens gratuits.

Récemment, les conglomérats ont eu tendance à créer leur propre réseau de nouvelles pour réduire les coûts. C'est le cas de Quebecor, par exemple, qui se retirera de la coopérative Presse canadienne à compter de juin 2010.

3.7 LES AGENCES DE NOUVELLES

À cette réalité de grands réseaux s'ajoutent les agences de presse, dont l'origine remonte à la première moitié du XIXe siècle. Ces agences fournissent du contenu à tous les types de médias. En voici un aperçu succinct.

La Presse canadienne

La Presse canadienne est une agence de presse et d'information multimédia bilingue. Cette coopérative d'information, créée par une loi fédérale en 1923, est en quelque sorte l'agence nationale du Canada. Elle appartient à ses membres, des médias de tous types. La Presse canadienne informe les Canadiens depuis près de 90 ans et compte 250 journalistes qui produisent des nouvelles primées, nationales et internationales, des photos, des graphiques, de l'audio et de la vidéo. La transmission de ses nouvelles rejoint en temps réel, jour et nuit, plus de 600 journaux et des stations de radio et de télévision. Chose importante, un grand nombre de médias canadiens se fient aux reportages de la Presse canadienne pour la préparation de leur mise en page, leur mise en ondes ou pour la mise en ligne de leur site.

Les salles de presse canadiennes sont aussi abonnées à des agences internationales. Celles-ci jouent un grand rôle dans la circulation de nouvelles dites internationales, tant celles qui entrent au pays depuis le Pérou ou la Thaïlande que celles qui proviennent du pays pour se répercuter à l'étranger. Ce ne sont toutefois pas de grands joueurs pour ce qui est de la production de nouvelles «à l'interne».

L'Agence France-Presse

Connue mondialement par l'acronyme AFP, l'Agence France-Presse, une entreprise de nouvelles très ancienne, remonte à 1835 alors que voyait le jour l'Agence Havas. Elle est présente dans 165 pays. Elle compte plus de 4 000 salariés de 81 nationalités, dont des employés à Montréal, Ottawa et Toronto. Ses nouvelles touchent tous les domaines de l'actualité et sont disponibles en ligne.

L'Associated Press

Parmi les agences internationales, il y a l'Associated Press (AP). Le Pony Express qui relayait les nouvelles de la guerre du Mexique en 1846 au journal *New York Sun* a servi d'inauguration pour le réseau américain Associated Press. Aujourd'hui, l'AP est organisée en coopérative sans but lucratif, propriété des 1 500 quotidiens américains qui en sont membres.

L'Associated Press compte plus de 4 000 employés, dont 3 000 journalistes répartis dans 243 bureaux dans 97 pays, y compris le Canada. Mis à part l'anglais, ses reportages sont publiés en cinq langues – en italien, en français, en allemand et en espagnol. Elle possède le réseau de photos numériques le plus avancé de l'industrie, un service de nouvelles continues 24 heures par jour, un service de nouvelles télévisées haut de gamme et le plus grand réseau de radios des États-Unis. Ses abonnés se comptent par milliers parmi tous les types de médias. Ses services de nouvelles s'apparentent aux services de la Presse canadienne et de l'Agence France-Presse.

United Press International

L'Agence de presse américaine United Press International (UPI) existe depuis plus de 100 ans. Elle est présente surtout aux États-Unis, en Asie, au Moyen-Orient et en Amérique du Sud. Peu de médias canadiens diffusent des nouvelles de la UPI. Ses nouvelles sont disponibles en anglais, en espagnol et en arabe.

Reuters

Reuters constitue le plus grand réseau de nouvelles multimédia au monde. Fondé à Londres en 1851 par un jeune ingénieur allemand, Paul Julius Reuter, ce réseau colossal est la propriété de la famille canadienne Thomson depuis 2007. Reuters compte plus de 2 400 rédacteurs, journalistes, photographes et techniciens de la caméra dans 196 bureaux situés dans 131 pays au monde. L'agence se spécialise désormais dans les nouvelles financières. Reuters est présente au Canada, ayant un bureau à Toronto.

3.8 LE CÂBLE, LE SANS-FIL, SIRIUS

Le fossé technologique mondial se rétrécit tous les jours, comme le montrent tous les nouveaux produits et services technologiques qui sont lancés au Canada, depuis la téléphonie Internet (VoIP) jusqu'à la nouvelle génération de consoles de jeux et de lecteurs MP3, en passant par la radio satellite, les communications sans fil et la télé haute définition, HDTV.

Compte tenu du nombre croissant de formats de radiodiffusion, qu'il s'agisse de la radio analogique ou satellite, de la baladodiffusion et de la radiodiffusion en continu dans Internet, le modèle fonctionnel de ce média a subi une transformation en profondeur. Les auditeurs de la radio sont plus à même de choisir ce qu'ils écoutent, à quel moment ils le font (en direct ou en différé) et avec quel appareil.

Les services Internet de vidéo à la demande (VoD), la multidiffusion IP, la baladodiffusion, entre autres, de même que divers dispositifs pour utilisateur final, comme les passerelles multimédias pour la maison, les lecteurs médias portatifs et les téléphones multimédias mobiles progressent à une vitesse vertigineuse de mois en mois, grâce à la convergence des technologies, des plateformes et du contenu.

Lancé en novembre 2005, Sirius Canada est un partenariat composé de CBC–Radio-Canada, de Standard Radio Inc. (la plus grande chaîne de radiodiffusion privée du Canada) et de Sirius Satellite Radio (É.-U.), le fournisseur de service de radio satellite jouissant de la plus importante croissance en Amérique du Nord. Le service de radio satellite de Sirius Canada est une plateforme audionumérique à l'échelle internationale qui offre aux Canadiens une programmation à contenu musical, d'informations et de divertissements de haute qualité, sans publicité, à partir de trois satellites logés en orbite au-dessus de l'Amérique du Nord. Les Canadiens de partout au pays peuvent capter Sirius Canada, qu'ils vivent dans les grands centres urbains ou dans les régions les plus éloignées. Sirius Canada offre à ses abonnées 120 stations de radio numérique.

La société XM Canada a une plateforme identique. Ensemble, les deux radios comptent plus de 1,2 million d'abonnés au Canada.

Ce tour d'horizon rapide a permis de mettre en évidence le décloisonnement des réseaux. Ce décloisonnement a été provoqué dans une large mesure par l'évolution de la technologie de numérisation et de la transmission des données. Cette évolution des technologies a permis la multiplication des supports de contenus et, par conséquent, l'augmentation de la durée de vie des contenus. Elle aura cependant aussi provoqué de sérieux problèmes de piratage et de reproduction de matériels. Elle aura en outre accéléré la fragmentation des auditoires avec tout ce que cela implique du côté de la publicité. Sans qu'il faille y voir une réaction automatique des réseaux classiques à ce qui précède, on a observé au cours de la même période une autre tendance de fond : la concentration.

3.9 LA CONCENTRATION DE LA PROPRIÉTÉ DES MÉDIAS AU CANADA

Les gouvernements et les journalistes s'inquiètent depuis la fin des années 1960 des conséquences de la concentration de la propriété des médias sur la qualité de l'information. Jusqu'à quel point, se demande-t-on souvent, la presse canadienne peut-elle s'exprimer librement ? Cette question trouve ses fondements dans le contenu de trois grands rapports nationaux et internationaux qui nous ont sensibilisés aux enjeux stratégiques que représentaient les restructurations au sein des médias d'information. Un des premiers rapports fut celui du sénateur Keith Davey qui a présidé le Comité spécial sur les moyens de communication de masse. Il s'est penché sur cette question qui a mené à la production du rapport Davey en 1970. Le second découle de la Commission royale d'enquête sur les quotidiens (commission Kent) et porte précisément sur la presse au Canada à la fin des années 1970 après la fermeture de deux grands quotidiens le même jour, le 27 août 1980.

3.9.1   LE CONTEXTE MONDIAL

Dans le contexte mondial, ces préoccupations sont également présentes puisque la Commission de l'Unesco mandate le Prix Nobel de la paix (1974) Sean McBride de présider une commission internationale d'enquête autour de ces questions. Ainsi paraîtra en 1980 le rapport *Voies multiples, un seul monde*. Ce dernier, d'ampleur internationale, reprend les principes nécessaires pour éviter les effets pervers engendrés par des transformations technologiques rapides, par une concentration excessive des médias et un déséquilibre du partage de l'information dans les pays tant industrialisés que non industrialisés. Ce rapport remet en question également la situation des entreprises canadiennes de presse telle qu'elle est rapportée par les rapports Davey et Kent.

Le rapport McBride valorise des principes essentiels à respecter pour assurer une société démocratique. Parmi ces principes, soulignons l'élimination des effets négatifs que peuvent engendrer les concentrations et les monopoles d'entreprises, la libre circulation des nouvelles et des idées ainsi qu'un meilleur équilibre dans la diffusion, l'expression de la pluralité des sources et des réseaux d'information, la liberté de presse et d'expression à laquelle est rattaché le devoir de responsabilité des journalistes et de leurs patrons. Enfin, le rapport rappelle la dimension essentielle du respect de la diversité culturelle à laquelle sont rattachées les formes d'expression propres à ces communautés et à leurs activités.

3.9.2   LE CONTEXTE CANADIEN

La propriété des médias concentrée entre peu de sociétés pourrait bien avoir pour conséquence un réel contrôle de l'information, ou à tout le moins donner l'impression que l'information est contrôlée. Nous laisserons à d'autres le soin d'examiner les conséquences du phénomène de concentration de la propriété qui, lui, nous paraît indéniable. Ce qui nous intéresse, c'est que les conditions de travail des journalistes s'en trouvent transformées.

Ainsi, comme la concentration des médias a tendance à se loger dans les très grandes villes du Canada, à Montréal et Toronto notamment, le public et les journalistes observent que la nouvelle régionale en prend vraiment pour son rhume. Dans les petits quotidiens, à la radio et à la télévision, le contenu local fait place à un contenu plus régional et provincial. Le centre de décision éditorial se déplace du local au siège social, par exemple.

Le Centre d'études sur les médias de l'Université Laval a publié en 2006 une étude intitulée *Concentration des médias*[4]. L'analyse qui suit tire son origine pour une bonne part de cette étude, mais les données présentées sont plus récentes (août 2009).

---

4.   Cette étude renferme une analyse exhaustive de la situation des médias canadiens et québécois et est disponible en ligne seulement au site suivant : http://www.cem.ulaval.ca. Les dernières données sont du mois d'août 2008.

ÉVOLUTION DE LA CONCENTRATION DES MÉDIAS

Vers la fin des années 1960, les trois chaînes importantes de journaux – Thompson Newspapers Co. Ltd., Southam Inc. et Financial Post Publications – contrôlaient près de 50 % de tous les quotidiens au Canada anglais, une augmentation de 25 % par rapport à 1958.

En 1969, le gouvernement fédéral se disait inquiet du phénomène grandissant de la concentration des médias au point de créer une commission royale dirigée par le sénateur Keith Davey dont les travaux ont duré 22 mois. À cette époque, Roy Thomson possédait plusieurs petits quotidiens du pays tandis que Southam Inc. possédait les plus grands, comme l'*Ottawa Citizen*, le *Calgary Herald* et le *Montreal Gazette*. FP Publications étaient les propriétaires du *Financial Post* et du magazine *Maclean's*.

En 1970, FP Publications contrôlaient 21,8 % des quotidiens de langue anglaise, Southam, 21,5 % et Thomson, 10,4 %. Parmi les journaux de langue française, les sociétés Gesca et Quebecor possédaient presque 50 % du marché.

En dépit du rapport Davey, la concentration des journaux s'est accentuée en 1980. Au Nouveau-Brunswick, la famille Irving possédait les cinq quotidiens de la province. Southam était propriétaire de 12 quotidiens à travers le Canada et Thomson en avait 40, soit 30 % de tous les quotidiens au pays. Le gouvernement fédéral mit sur pied une deuxième commission royale, menée cette fois par Tom Kent à la suite de la fermeture de deux grands quotidiens le même jour, le 27 août 1980. En ce «Black Wednesday» au Canada anglais, Southam mit fin au *Winnipeg Tribune* et Thomson en fait autant avec l'*Ottawa Journal*, donnant ainsi à chacun un monopole du marché local.

En 1980, les chaînes de Southam et Thomson contrôlent près de 60 % du marché canadien des quotidiens de langue anglaise. Gesca et Quebecor possèdent à eux seuls 75 % du marché francophone.

En 1994, Rogers Communications de Toronto a fait l'une des acquisitions les plus importantes de la décennie en s'appropriant Maclean Hunter, propriétaire de stations de radio et de télévision, de quotidiens et de périodiques, dont *L'Actualité*, *Maclean's*, *Châtelaine*, *L'Actualité médicale* et *Marketing Magazine*.

Le début du XXIe siècle a été marqué par une avalanche de marchés conclus entre les réseaux médiatiques.

BCE Inc. part le bal en février 2000 en acquérant le réseau CTV pour 2,3 milliards de dollars. Six mois plus tard, BCE ajoute le *Globe and Mail* et forme le réseau CTVglobemedia. Le même mois, Rogers Communications vise le contrôle de Vidéotron sans succès. C'est Quebecor qui réussira à s'emparer de ce géant québécois de la câblodistribution pour 5,4 milliards de dollars. Il devient le deuxième propriétaire de journaux au Canada, y compris de l'ensemble des quotidiens anglophones *Sun*.

En août 2001, le Canada comptait 102 quotidiens des langues française et anglaise. Six sociétés possédaient 70 % de ces journaux et quatre seulement étaient tenus par des intérêts privés, dont *Le Devoir*.

Au printemps 2003, un comité sénatorial entreprenait une troisième réflexion sur les médias canadiens d'information incluant leur propriété et il remettait son rapport en janvier 2006.

La vague d'échanges et d'achats se poursuivra énergiquement en 2006 et 2007.

ÉCHANGES ET ACHATS EN 2006 ET 2007

- Juillet 2006, CTVglobemedia fait l'acquisition de tous les intérêts du groupe CHUM pour 1,7 milliard de dollars. Cette transaction inclut 33 postes de radio, 12 postes de télévision et 21 chaînes spécialisées. La transaction sera entérinée par le CRTC en juin 2007, moyennant certaines conditions.

- Avril 2007, Rogers Media acquiert certains services de télévision générale et spécialisée de CTVglobemedia dont le groupe de stations A-Channel, ACCESS Alberta, le Canadian Learning Television et SexTV, une chaîne numérique spécialisée.

- Avril 2007, Astral Media Inc. signe une entente visant l'achat de presque tout l'actif de Standard Radio Inc., soit 52 stations de radio qui diffusent dans cinq provinces et qui desservent 29 marchés au Québec, en Ontario, au Manitoba, en Alberta et en Colombie-Britannique. Astral est désormais propriétaire des stations EZ Rock, The Mix et The Bear, qui s'ajoutent aux réseaux Énergie, Rockdétente et Boom FM.

- Mai 2007, la famille Thomson de Toronto fait l'acquisition, à Londres pour environ 18,5 milliards de dollars, de l'entreprise d'informations et agence de presse Reuters.

- Juin 2007, Quebecor Média achète le groupe Osprey Media de Toronto qui compte 20 quotidiens anglophones en Ontario, dépassant ainsi le tirage consolidé du groupe Canwest Global. Avec cet achat, Quebecor porte le statut de plus important éditeur de quotidiens au Canada, en nombre de titres et d'exemplaires vendus.

- Juin 2007, Rogers Communications Inc. s'empare de cinq postes de télévision Citytv du réseau CTVglobemedia Inc. Le CRTC avait ordonné au réseau CTV de se départir de ces postes s'il voulait conclure l'entente d'achat de son rival, le groupe CHUM. Des six stations de la chaîne « A », CTVglobemedia en ferme trois en février 2009.

Le portrait de la propriété de chacun des secteurs des médias au Canada s'est grandement transformé. Voici ce dont il avait l'air en 2009.

3.9.3 LA TÉLÉVISION

Plus de cent stations de télévision généraliste privée fonctionnent au Canada[5], dont 26 sont situées au Québec.

Au Québec, Quebecor (TVA) compte sept stations généralistes, la SRC a trois stations, Remstar (V) et RCN Média en ont cinq chacune et Télé-Québec a une station.

Au Canada anglais, il s'agit d'abord de CTVglobemedia qui compte 31 stations; Canwest en possède 15, Rogers en a 10, Corus et Jim Pattison Broadcast Group en comptent trois chacune et quatre autres propriétaires se partagent cinq stations.

Média	Québec Nombre de stations	Canada anglais Nombre de stations	Total
Canwest	1	14	**15**
Channel Zero	1	1	**2**
Corus		3	**3**
CTVglobemedia	1	30	**31**
Jim Pattison		3	**3**
Quebecor	6 TVA	1	**7**
RCN Média	5		**5**
Remstar	5 V		**5**
Rogers		10	**10**
SRC-CBC	3	16	**19**
Télé-Québec	1		**1**
Autres	3	5	**8**
Total	**26**	**83**	**109**

Les stations de télé au Canada en 2009

3.9.4 LA RADIO

Le Québec compte 93 stations de radio privées commerciales. Astral Média en possède 22, Corus Entertainment Inc. en a 14, RCN Média, 13, Télé-Interrives, 4, Cogeco Radio-Télévision, 5, et 33 appartiennent à des propriétaires individuels. Quatre stations sont anglophones.

---

5.   Compilé à partir des données de chacun des médias notés pour 2009.

Dans l'ensemble du Canada[6] en 2009, on comptait 597 stations de radio privées commerciales et 59 stations d'État. Le nombre de radios privées a augmenté de 30 % entre 1996-1997 et 2006-2007[7]. Astral en possède maintenant 83, NewCap de Terre-Neuve-et-Labrador contrôle 81 stations et Corus en compte 52, chacune dans au moins trois provinces, par rapport à 12 chacune en 1999. Rogers en compte 53, Jim Pattison Group en a 27, MBS Radio en a 20, Golden West Radio en a 17 et Rawlco Radio en possède 15. Ensemble les groupes Astral et Corus récoltent 35 % des stations de radio privées de langue française au Canada et 21 % de l'ensemble des stations privées au Canada.

La radio autochtone est également présente au Canada, sous la bannière Aboriginal Voices Radio (AVR) qui compte neuf stations de Montréal à Vancouver. Puis, en Ontario, une station est consacrée aux Métis depuis 2005, MétisRadio. Enfin, le réseau MBC Network Radio diffuse en langues crie, dénée et anglaise dans plus de 70 collectivités du nord de la Saskatchewan.

Média	Québec Nombre de stations	Canada anglais Nombre de stations	Total
Astral	22	61	83
AVR	1	8	9
Cogeco	5		5
Corus	14	38	52
CTVglobemedia	1	33	34
Golden West Radio		27	27
Jim Pattison		27	27
MBS Radio		20	20
NewCap		81	81
Rawlco		15	15
RCN Média	13		13
Rogers		53	53
SRC-CBC	9 en français 2 en anglais	33 en anglais 15 en français	59
Télé-Interrives	4		4
Autres	33	141	174
Total	104	552	656

Les stations de radio au Canada en 2009

6.   Compilé à partir des données de chacun des médias en question pour 2009.
7.   Selon l'Association canadienne des radiodiffuseurs, Radiodiffusion 2008 : *Rapport sur l'industrie et les statistiques du CRTC.*

3.9.5 LES QUOTIDIENS

Le Canada compte désormais 105 quotidiens répartis dans 82 villes. Il y a 12 quotidiens au Québec. Le groupe Gesca de Power Corporation en exploite sept et Quebecor, deux, soit 82 % du marché francophone.

Quatre quotidiens sont indépendants: *Le Devoir*, *L'Acadie nouvelle* du Nouveau-Brunswick, le *Flin Flon Reminder* du Manitoba et *The Whitehorse Star* du Yukon.

3.9.6 LES HEBDOS

Parmi les hebdomadaires, 953 sont distribués au Canada, dont 195 au Québec. Transcontinental et Quebecor en détiennent 58 et 43 chacun, soit 52 % du marché au Québec. Hors Québec, la presse francophone est présente dans toutes les provinces et tous les territoires sauf au Nunavut. Un hebdo autochtone, *Windspeaker*, circule à l'échelle nationale.

Ailleurs au Canada, le phénomène de concentration des hebdos est semblable. Par exemple, en Colombie-Britannique, le groupe Black Press possède 60 % des 119 hebdomadaires de la province. À Terre-Neuve-et-Labrador, la majorité des titres appartiennent au groupe Transcontinental. Le groupe Brunswick News du Nouveau-Brunswick est propriétaire de 82 % des publications.

1.9.7   UNE VUE D'ENSEMBLE

Média	1999						2009					
	Quo	Hebdo	Radio	Télé G	Télé P	Total	Quo	Hebdo	Radio	Télé G	Télé P	Total
Quebecor	15	100		5 TQS		**120**	43*	157**		7 TVA	1	**208**
Glacier Media Inc.							12	106				**118**
Astral Media			28		17	**45**			83	2	18	**103**
Torstar	5	60				**65**	5	97		1		**103**
Transcontinental		62		9		**71**	10	93				**103**
CTVglobemedia				21 CTV	17	**38**	1 GM		34	24 CTV 7 «A»	32	97
Newcap Radio			13			**13**			81			**81**
Canwest		41				**41**	13	23		9 Global 6 E!	21	**72**
Black Press	1	64				**65**	1	71				**72**
Corus									52	3	14	**69**
Rogers			25			**25**			53	5 Omni 5 City	2	**65**
Jim Pattison									27	3		**30**
Golden West Radio			12			**12**			27			**27**
Brunswick News	4					**4**	3	19				**22**
MBS Radio			19			**19**			20			**20**
RCN Média									13	5		**18**
Rawlco Radio			11			**11**			15			**15**
Gesca	4					**4**	7	4				**11**
Télé Inter-Rives									4	4		**8**
FP Can. Newspapers							2	6				**8**
Channel Zero										2	4	**6**
Remstar										5 V		**5**
Cogeco									5			**5**

*   À part les journaux de Sun Media, on compte les 20 quotidiens d'Osprey Media, achetés en 2007.
**   À part les 43 hebdos de Sun Media, on compte les 80 de Bowes achetés en 2008 et les 29 achetés d'Osprey Media en 2007.

En l'espace de dix ans, près de 690 médias ont changé de propriétaire, 54 nouveaux postes de télévision payante ont été créés et trois postes de télévision généraliste ont été abandonnés. Les acquisitions se font par des sociétés d'un peu partout au Canada, de Terre-Neuve-et-Labrador, du Nouveau-Brunswick, du Québec, de l'Ontario, du Manitoba et de la Colombie-Britannique, et surviennent sur tout le territoire. Voici les faits saillants :

- Quebecor passe de 120 médias variés à 207, dont l'ajout de 27 quotidiens et de 57 hebdos.

- En neuf ans Astral Media acquiert 55 nouveaux postes de radio ; il possède 103 médias électroniques en 2008.

- Canwest de Winnipeg, qui possédait 41 hebdos en 1999, se retrouve avec 79 médias en 2008, délaissant 23 hebdos au profit de 13 quotidiens, de 17 postes de télévision généraliste et de 21 postes de télévision payante.

- CTVglobemedia de Toronto passe de 38 postes de télévision à 98 médias variés, y compris 34 stations de radio, et un seul quotidien, le prestigieux *Globe and Mail*.

- Rogers de Toronto double son effectif de la radio et ajoute 10 postes de télévision.

- Torstar de Toronto se lance dans les hebdos dont le nombre passe de 60 en 1999 à 97 en 2009.

- Newcap Radio de St. John's, à Terre-Neuve-et-Labrador, possède six fois plus de postes de radio en 2008, passant de 13 à 81.

- Brunswick News de Moncton fait l'acquisition de 19 hebdos et passe de quatre quotidiens à 22 imprimés.

- Transcontinental de Montréal abandonne la télévision au profit d'un plus grand nombre d'hebdos. L'entreprise en compte 93 en 2008 alors qu'elle en possédait 62 en 1999.

- Dix nouveaux joueurs s'ajoutent depuis l'an 2000 : cinq au Québec, dont Corus, RCN Média, Télé inter-rives, Cogeco et Remstar ; cinq en Colombie-Britannique, dont Glacier Media, B.C. Newspapers, Jim Pattison Group et Continental Newspapers Ltd.

- Les sociétés Hollinger et Thomson, qui étaient de grands conglomérats avant l'an 2000, ne sont plus sur la scène médiatique canadienne.

Le phénomène des grands conglomérats multimédias se manifeste à travers le monde, particulièrement au Canada, aux États-Unis, en Europe et en Australie.

DÉCISION DU CRTC

Malgré les inquiétudes exprimées par le Conseil de la radiodiffusion et des télécommunications canadiennes (CRTC), le Parlement canadien et l'Assemblée nationale du Québec n'ont jamais promulgué une loi depuis la fin des années 1960, visant à limiter de façon particulière la concentration de la propriété des médias au Canada.

Cependant, après avoir tenu des audiences publiques à l'automne 2007 sur la concentration des médias au Canada, le CRTC a adopté de nouvelles règles en janvier 2008 et a imposé une limite à cette tendance. Désormais, les groupes médiatiques peuvent posséder deux types de médias – télé, radio ou journaux – dans un marché donné, mais pas les trois. Le Conseil a également imposé une limite de 45 % à l'auditoire que peut tenir un diffuseur à l'échelle nationale, bien qu'une seule entreprise dépasse ces limites pour l'instant. CTVglobemedia se trouverait le plus menacé aujourd'hui car la société jouit d'un auditoire total de 37 % et devra ralentir ses efforts de consolidation.

Par conséquent, selon ces nouvelles règles, Rogers ne pourrait pas acheter Canwest. Canwest ne pourrait pas acheter Corus. Quebecor ne pourrait pas acheter une station de radio à Montréal car il possède le *Journal de Montréal* et le réseau TVA, mais pourrait acheter une station de radio dans un autre marché, comme Calgary. Selon le CRTC, ces mesures visent à protéger la diversité de la programmation.

3.10 LA CONVERGENCE DES MÉDIAS

Comme la plupart des secteurs économiques au monde dans la dernière décennie, les entreprises de communication ont cherché également à tirer un avantage financier d'un **fonctionnement en «synergie»** des divers médias qu'elles possèdent. Cette stratégie repose sur trois éléments :

- la concentration d'entreprises, qui fait que de moins en moins de grandes sociétés possèdent de plus en plus de médias ;

- la numérisation, dont le contenu médiatique produit dans un langage informatique universel est facilement adaptable à n'importe quel média ;

- la déréglementation, qui permet de plus en plus aux conglomérats médiatiques de posséder plusieurs types de médias dans un même marché, et aux sociétés de transmission, comme les câblodistributeurs, de posséder leurs propres entreprises de production de contenu.

Cette stratégie a permis également aux entreprises de communication de réduire leurs coûts en matière de main-d'œuvre, d'administration et de matériel, de diffuser le même contenu médiatique dans plusieurs médias, d'attirer davantage de contrats publicitaires en présentant aux annonceurs des offres globales et une formule de guichet unique pour un certain nombre de plateformes médiatiques.

Quebecor, par exemple, possède des journaux, des magazines et des maisons d'édition de livres, le câblodistributeur et fournisseur de services Internet Vidéotron, six chaînes du réseau de télévision francophone TVA, le réseau Radiomédia et le portail Internet Canoë. La société Rogers Communications inc. s'occupe aussi de télédiffusion, de services téléphoniques sans fil, d'édition de magazines ainsi que de vente et de location de vidéos.

Depuis l'an 2000, quatre empires médiatiques se sont formés sur le territoire canadien : Quebecor, CTVglobemedia, Canwest Global et Rogers Communications possèdent chacun une propriété mixte de médias importante.

L'ampleur de la propriété mixte des médias au Canada a soulevé des préoccupations importantes de la part des journalistes et du Sénat canadien en particulier, même si les sociétés soulignent à qui veut l'entendre que l'importance de l'indépendance au niveau rédactionnel de chacun des médias est primordiale.

Rien de trop préoccupant pour les parlementaires, cependant. Les principales lois concernant les médias, la Loi sur la radiodiffusion et la Loi sur la concurrence n'ont pas été modifiées depuis des décennies.

L'ATTITUDE DU CRTC

Le CRTC a semblé vouloir laisser passer les transactions, exprimant des inquiétudes par voie de communiqué de presse, sans plus. Dans le cas de l'acquisition par Quebecor Média inc., propriétaire de TVA et de Sun Média, de la station de télévision Toronto One, le CRTC a imposé une condition, celle de séparer les activités de la salle des nouvelles pour la partie presse écrite et la partie télédiffusion. Cependant, les conditions avaient été moins strictes pour la société Canwest Global lorsqu'elle avait fait l'acquisition de CTV à Vancouver alors qu'elle possédait déjà la station Global dans la même ville et les deux grands quotidiens. Avec les nouvelles règles de janvier 2008, le CRTC a approuvé avec certaines réserves un code d'indépendance journalistique qui est administré par le Conseil canadien des normes de la radiodiffusion, une instance privée. Le code permet, par exemple, à Quebecor d'échanger des contenus entre ses salles de rédaction au *Journal de Montréal* et TVA.

Cette synergie de la convergence semble avoir mené à plusieurs mesures de compressions, surtout en ce qui a trait aux ressources humaines. Les conglomérats ont accumulé des dettes, d'abord pour financer les acquisitions, puis pour mener leurs activités. L'acquisition des postes de radio a été beaucoup plus rentable pour tous, les profits augmentant sensiblement d'année en année.

Les mises à pied ont été nombreuses dans les salles de nouvelles des médias écrits et télévisuels particulièrement, ce qui a diminué la capacité dans les salles de nouvelles à s'interroger sur la validité des renseignements remis aux journalistes. Ceux-ci, moins nombreux, doivent se fier aux communiqués de presse, faute de personnel et de temps. Les contraintes commerciales ont été nombreuses, comme on le verra au chapitre 5.

D'autres préoccupations liées à la concentration de la propriété mixte des médias touchent la diversité des opinions qui, selon plusieurs, y compris les journalistes et leurs associations, s'en trouve réduite. De plus, les services fournis par les médias ont diminué, plus particulièrement le traitement des nouvelles locales et le manque d'informations factuelles. La diminution d'une vraie présence locale à la radio et à la télévision, la disparition de la nouvelle locale et le remplacement par une programmation homogène en inquiètent plusieurs.

D'autres conséquences ne sont pas moins importantes. Par exemple, la convergence a pour effet de créer des brouillages de frontières entre les genres de nouvelles. Il suffit de se promener à l'intérieur du réseau TVA pour voir à quel point l'on parle de *Star académie* en toutes sortes de lieux de nouvelles. Mais le phénomène n'est pas propre à TVA. C'est tout CTV qui se mobilisait derrière *Canadian Idol*. Allez du côté de la Grande-Bretagne, vous verrez que les émissions *X Factor* et *Big Brother* font l'objet de nouvelles dans les tabloïds et les magazines d'actualité.

CHAPITRE 4

Évolutions récentes

4.1 OBJECTIF

En parallèle à ces grands changements structuraux qui sont advenus dans le paysage médiatique, de nombreux phénomènes ont aussi changé les pratiques et les façons de faire journalistiques. Ce chapitre expose les éléments importants qui ont transformé la transmission de la nouvelle, tous générés par la technologie qui abat une à une les barrières à l'information.

4.2 LES EFFETS DE LA TECHNOLOGIE

Dans une rubrique du livre *L'État des médias*, paru en 1991, Jean-Paul Lafrance faisait l'éloge des hypermédias de l'époque qui ont réussi « à numériser, sans barrière, toutes les informations qui viennent de la vue, de l'ouïe, de l'odorat, du toucher, de la mémoire et raisonnement en réalité *réelle* ». Il se demandait alors si les hypermédias pourraient un jour transformer cette réalité réelle en réalité *virtuelle*. C'est fait! Le cédérom et le disque compact interactif (CDI) dont il parlait ont été dépassés par une technologie miniaturisée qui prend aujourd'hui la forme de clé Universal Serial Bus (USB).

On a vu en première partie et au chapitre précédent comment la technologie a mené au décloisonnement des réseaux. Cette transformation a certainement contribué à contrer la tendance à l'homogénéisation des contenus tout en favorisant une offre personnalisée qui rejoint le goût de l'usager en stimulant sa participation dont l'objectif immédiat vise son autonomisation.

Or, devant ce nouveau phénomène, certains penseurs entrevoient un danger d'atomisation de la société[1]. Ces deux possibilités que sont l'homogénéisation versus l'atomisation sont deux orientations contradictoires ancrées dans des approches conflictuelles qui s'appuient sur deux grands courants des études en communication portant sur la démassification des médias[2]. Le premier met en garde contre les dangers potentiels d'homogénéisation que l'information peut entraîner sur le développement des sociétés avec les effets pervers qui lui sont associés. On remarque un déséquilibre qui tend à éliminer la « diversité[3] ». Le deuxième s'inscrit en opposition à la thèse de l'homogénéisation en suggérant que la convergence technologique risque de conduire à l'atomisation de la société puisque les consommateurs ont l'option personnelle de choisir l'information qui répond à leur système de valeurs, à leur vision du monde, à leurs idéologies de référence et à leur structure d'intérêt, favorisant ainsi un éclatement, une société de plus en plus fragmentée, dans laquelle on observe une diversité de goûts, d'expressions et de manifestations[4]. Il en découle qu'une analyse globale se voit de plus en plus mitigée. Aussi, la façon de traiter et de diffuser la nouvelle se voit totalement transformée.

De nombreuses autres technologies ont changé le paysage de la nouvelle. Les plus significatives sont Internet, qui stocke pour le monde entier des banques de données et des encyclopédies de toutes sortes ; le téléphone cellulaire qui, lui, donne accès à Internet, à un appareil photo, à des messages texte et à son courriel, et la diffusion de l'information sans câble, par le satellite pour la radio, la télévision et Internet.

Les chaînes d'information continue qui avaient vu le jour au cours des années 1980 ont vu leur avenir totalement bouleversé par la venue d'Internet. Celles-ci, comme du reste tous les types de médias, ont dû s'adapter rapidement pour ne pas risquer de perdre leurs clientèles. Cependant, c'est le sans-fil et le satellite qui auraient le plus de répercussions sur divers publics des médias puisque, à l'échelle de la planète, le consommateur aurait désormais accès à son média préféré presque n'importe où, à partir de son ordinateur portatif, de son terminal mobile de poche (Blackberry) ou de son téléphone cellulaire, sans trop d'égard aux frais d'utilisation.

---

1.   Barber 1996.
2.   Attalah et Shade 2006.
3.   Barber 1996 ; Schiller 2000.
4.   Susstein 2002 ; Starowicz 2000.

Malgré toutes ces nouveautés qui risquaient de déplacer les médias traditionnels ou de les écarter, ces derniers se sont mis au parfum du jour, persistent et signent.

4.3 LES JOURNALISTES DEVENUS PERVERS

Un autre grand phénomène mérite d'être mis en lumière : l'ubiquité des journalistes. Ceux-ci, plus que jamais, ont créé entre eux une confrérie de spécialistes, en formant une sorte de culte de vedettes entre les types de médias.

Bien sûr, il y a longtemps qu'existent les chasses gardées des chroniqueurs qui s'improvisaient spécialistes sur de multiples questions pointues ou générales pour leur propre média. Aujourd'hui cependant, il s'agit d'un changement notable d'une inversion des rôles : le journaliste fait de moins en moins appel aux experts et s'improvise de plus en plus dans cette fonction. Les réseaux font constamment appel aux journalistes pour qu'ils agissent en tant qu'experts sur d'innombrables tribunes. Avec un certain recul, le consommateur se demande parfois si telle ou telle nouvelle n'existe pas uniquement parce que les journalistes ont décidé de lui donner une très grande importance qu'en réalité elle n'a pas. Le chroniqueur se donne comme rôle d'analyser tous les soubresauts de la nouvelle, en encourageant la chasse aux sorcières comme ça été le cas dans la sortie de Julie Couillard contre Maxime Bernier et dans l'épisode de l'ancien ministre de la Santé, le docteur Philippe Couillard, qui a fait une sortie marquée en faveur d'un système de services de soins de santé privé quelques mois après son départ de la politique.

Par exemple, la télévision fait régulièrement appel à des panels de commentateurs experts, en faisant toujours un équilibre parmi les journalistes de la radio, d'un quotidien de grande ville et d'une émission d'affaires publiques pour trancher sur des enjeux sociaux et politiques, pour prédire le dénouement de ces enjeux, pour condamner un accusé avant son procès ou pour commenter un événement de grande importance, comme une campagne électorale ou un drame national.

La pratique est devenue quasiment incestueuse. La radio d'État en fait autant dans ses émissions d'affaires publiques et dans ses grands bulletins de nouvelles, souvent avec les mêmes personnalités journalistiques. Celles-ci sont également invitées par les animateurs d'interviews-variétés (*talk-shows*) comme des vedettes de la scène artistique. C'est le cas de l'émission de télévision *Tout le monde en parle* et de l'émission quotidienne de Radio-Canada, *Christiane Charrette en direct.*

Comment ces personnalités sont-elles perçues par les lecteurs et les auditeurs ? Avec ambivalence, possiblement. Mais il reste que chacun a ses habitudes, son chroniqueur favori, son émission d'affaires publiques préférée ainsi que son réseau et son quotidien d'adoption. Certains liront la chronique de Vincent Marrissal de *La Presse* religieusement et son opinion sur les accommodements raisonnables aura autant de poids que l'opinion du sociologue Jules Duchastel de l'Université du Québec à Montréal (UQAM), titulaire de la Chaire de recherche du Canada en mondialisation, citoyenneté et démocratie. D'autres choisiront la réflexion de Bernard Descôteaux du journal *Le Devoir* sur la bactérie C-difficile dans les hôpitaux et jugeront qu'il a autant de mérite que l'opinion du président de l'Ordre des omnipraticiens.

S'il y a quelque chose d'un peu pervers dans ce phénomène, c'est l'absence de recul du journaliste face au traitement de l'information : objet précis de sa profession. Ce phénomène est causé par le développement des chaînes d'information en continu et par les sites Web que chacun des médias et des réseaux a créé de même que par la prolifération des blogues personnels des chroniqueurs et de certains journalistes.

Enfin, devenus pervers par le sport qu'ils pratiquent sans cesse de prédire, de spéculer avec frénésie et d'anticiper les événements. C'est littéralement la course à la primeur ! Vouloir devancer les concurrents est devenu le nouveau mot d'ordre de la salle des nouvelles. Les journalistes tirent souvent des conclusions fortes à partir de fuites, de révélations de certaines sources, de rapports préliminaires reçus en exclusivité, laissant passer ici et là des inepties. En effet, ils peuvent lancer sur de telles bases la nouvelle d'une élection probable, d'un remaniement ministériel imminent, d'un changement d'entraîneur, d'un dénouement d'enquête et garder leur clientèle en haleine pendant des semaines, sans jamais admettre un jour qu'ils se sont trompés.

4.4 LES CHAÎNES D'INFORMATION CONTINUE

Le phénomène de la nouvelle télévisée 24 heures tous les jours date de 1980 avec l'arrivée de CNN. C'est ce premier réseau d'information continue qui nous a fait vivre le quotidien de la guerre du Golfe en temps réel en 1990. Au Canada, *Newsworld* de la CBC, *RDI* de SRC et *LCN* de TVA sont entrés en ondes en 1989, 1995 et 1997 respectivement. Ils ont transformé le rôle des agences de nouvelles comme Reuters, AP, CP et AFP du jour au lendemain.

Aujourd'hui, les réseaux de nouvelles télévisées sont présents partout dans le monde, y compris au Moyen-Orient, *Al Jazeera* ayant fait son entrée en

1996. Situé à Doha au Qatar, ce réseau de nouvelles 24 heures est diffusé sur tous les continents en arabe et en anglais depuis 2004.

Ce phénomène répond tout simplement au besoin de clientèles avides d'informations. La terre est devenue bien petite. Les peuples se sont dispersés sur tous les continents, comme immigrants ou comme réfugiés. Chacun veut savoir ce qui se passe partout parce que les cultures sont partout et que l'économie est devenue mondiale. L'entreprise canadienne, par exemple, cherche des débouchés sur tous les continents, voulant vendre ses produits et son expertise sur les grands chantiers du monde.

De plus, depuis la guerre du Golfe persique, les téléspectateurs veulent être témoins des grands événements, que ce soit la chute du mur de Berlin, la révolution de velours du peuple tchèque, le décès tragique de la princesse Diana, la guerre en Iraq, les émeutes en banlieue de Paris, le tsunami de l'Asie, la tempête de verglas survenue au Québec et dans l'Est ontarien en 1997 ou la tuerie au collège Dawson. Nous voulons tout voir désormais et tout vivre en temps réel.

Ces chaînes ont apporté un grand changement en information : le phénomène de la couverture de longue durée par le braquage, pratiquement sans montage, de caméras sur un événement donné. Elles ont aussi grandement favorisé le développement du phénomène des commentateurs tous terrains capables de donner aux téléspectateurs une lecture adéquate de tout ce qui leur est soumis.

4.5 LA RADIO VISUELLE

Au début du nouveau millénaire, les commentateurs prédisaient la fin de la radio telle qu'on la connaît aujourd'hui. Elle est toujours présente, elle a su se réinventer.

Comment ? En se rendant «visuelle» par l'intermédiaire d'Internet. La plupart des stations de radio de grande écoute ont créé un média parallèle à l'aide d'un site Web portant leur adresse. Les animateurs d'émission renvoient continuellement les auditeurs vers leur site pour des compléments d'information remplis de trucs visuels. En conséquence, la radio s'est donné un visage : celui de l'animateur d'abord mais aussi ceux de ses invités de même que ceux des techniciens qui forment les équipes de production.

Grâce à Internet, la radio est devenue beaucoup plus interactive, incitant les auditeurs à participer à des concours de courte durée, à soumettre des commentaires rapidement sans envoyer de messages par la poste comme c'était le cas auparavant.

Cette personnalité double des stations de radio constitue dans bien des cas une occasion à exploiter pour un relationniste, dans la mesure où l'on y trouve une page de nouvelles. Par exemple, un argumentaire simple et bien conçu a des chances de se retrouver au cœur d'une nouvelle et ainsi d'être diffusé à la une ou sur le site de nouvelles du réseau.

De plus, la radio située à Gatineau, par exemple, dont le rayonnement se limite à un champ d'antenne de moins de 100 kilomètres dans toutes les directions, est capable de joindre des auditeurs en Afrique aujourd'hui, grâce à Internet. Cette capacité d'une technologie performante illustre bien la thèse que les TIC sont une extension perfectionnée de nos sens et des limites géographiques dans lesquelles nous sommes inscrits.

4.6 LA MULTIPLICATION DES BLOGUES

Et puis il y a les blogues. Tout se passe comme si le chroniqueur ne pouvait pas attendre sa prochaine chronique. Il cherche plus d'influence et moins de respect peut-être en signant quasi quotidiennement une opinion sur des sujets pêle-mêle sur son blogue personnel, créé à partir de son média d'attache. Prenez l'exemple de Michel Vastel, qui était présent tous les jours sur le site Web de *L'Actualité* jusqu'à son décès. *L'Actualité* l'a remplacé par le blogue de Chantal Hébert. Il en va de même avec Paul Wells de *Maclean's*. Dans sa chronique quotidienne de *La Presse*, Stéphane Laporte renvoie les lecteurs sur son blogue à trois reprises avec des phrases comme « Venez voir mon blogue ! » en début d'article et « Sur mon blogue cette semaine » en fin d'article et, dans un encadré noirci en milieu de page, *La Presse* incite les lecteurs : « Réagissez au blogue de Stéphane Laporte ».

Ces chroniqueurs s'improvisent experts en plus ou moins tout. Ils cherchent tout à la fois l'influence, la controverse et la rétroaction des lecteurs. Ils se forment souvent un cercle d'admirateurs, croyant représenter l'avis de leurs lecteurs. Les propos qu'ils traitent sur leur blogue et les commentaires de leurs disciples alimentent d'autres chroniques dans le journal ou dans le périodique. C'est un cercle vicieux.

Depuis mars 2008, les journalistes de *La Presse* peuvent produire des entrevues, des reportages multimédias et des analyses pour le site Cyberpresse, y animer des blogues et assurer une couverture continue de l'actualité. Ainsi,

La Presse a pris d'assaut la Toile, comme le *Globe and Mail* l'avait fait au début de l'an 2000.

Ce phénomène des blogues présente une autre possibilité de communication externe pour une petite organisation. Comme les réactions sont sollicitées et peu filtrées, il devient facile de glisser à répétition un point de vue donné et, à l'occasion, de placer des références précises au moyen d'hyperliens.

4.7 L'INVASION DE LA RUE OU LES MÉDIAS SOCIAUX

Le paysage médiatique a aussi été profondément transformé par le cellulaire à photos et le cellulaire vidéo des dernières années qui viennent tout envahir. Une réelle invasion peut se produire à tous les coins de rue, sur tous les étages des immeubles à bureaux et à logement, dans tous les bars et grands magasins de la planète. Personne n'est à l'abri. Dorénavant, considérez-vous plus ou moins surveillés de toutes parts, par les passants les plus innocents aussi bien que par les espions de profession. Les réseaux sociaux comme MySpace, Facebook et Twitter ont explosé et risquent d'essouffler les médias traditionnels qui observent leurs revenus de publicité migrer vers ces sites Internet.

Chose remarquable, le temps de déroulement de ce phénomène est celui de l'instantanéité extrême. Par exemple, des policiers trop zélés qui ont matraqué des sans-abri ivres et sans défense à Ottawa au printemps de 2008. L'incident, impliquant une victime sans nom, se trouve immédiatement sur un site Internet, You Tube ou Flickr en l'occurrence, identifié par un surveillant quelconque puis projeté sur la télévision le soir même et dans les quotidiens le lendemain. En utilisant des textos, des blogues et Facebook et Twitter, les jeunes Moldaves ont réussi à mobiliser en une journée plus de 15 000 personnes sur la place publique à Chisinau en avril 2009 pour manifester leur mécontentement contre la victoire des communistes aux législatives. Enfin, les Perses ont pu tenir tête au guide suprême de l'Iran, l'ayatollah Khamenei, le lendemain de l'élection générale du 12 juin 2009, croyant que les résultats étaient truqués. Ils sont descendus dans les rues pendant des semaines malgré les interdictions, les menaces et les matraques des policiers de l'État. Grâce à leurs portables et à Twitter, les citoyens ont fourni aux médias occidentaux des preuves des événements marquants de leur détermination. Une sorte de révolution Web!

Les utilisateurs de ces médias dits «sociaux» démontrent leur rapidité à diffuser des quantités industrielles de données liées à une tragédie ou à un délit, par exemple. À peine le pont du Minnesota effondré au début du mois d'août 2007, un groupe de discussion intitulé «I drove on I-35W» est apparu sur le populaire site de réseautage Facebook. Les commentaires de ceux qui ont partagé leur expérience personnelle ou leur perception de la tragédie sont devenus une source instantanée de commentateurs pour divers médias. D'autres ont mis en ligne sur le site d'échange de photos Flickr des dizaines de clichés pris de l'accident, achetés rapidement par des réseaux étrangers de nouvelles tels que Reuters. Enfin, les usagers de Twitter apprenaient bien avant les médias l'écrasement d'un avion dans le fleuve Hudson à New York en février 2009 et la fusillade dans une école secondaire à Winnenden en Allemagne en mars 2009. Ces exclusivités, photos à l'appui, provenaient dans chaque cas d'une victime qui se trouvait sur les lieux de l'incident et qui a texté le message en temps réel sur ce site d'échange de nouvelles instantanées.

Le sommet des *trois amigos*, Bush-Harper-Calderon, tenu à Montebello en août 2007 a rappelé une autre fois qu'au XXIᵉ siècle tout se sait, tout se voit et tout peut être révélé. Un extrait d'une manifestation diffusée sur You Tube par le Syndicat canadien de l'énergie et du papier montre le mardi trois casseurs antimondialistes masqués et vêtus de noir dont un tenait une pierre, affrontant un cordon de policiers formé d'agents de la Sûreté du Québec en tenues de combat. En multipliant les hyperliens vers le clip de You Tube, l'histoire prend toute une vie par une rumeur qui ne cesse de gonfler – les soi-disant fauteurs de troubles démasqués étaient en effet des agents de la Sûreté du Québec. Ce ne sont pas les caméras de RDI ou de News Net qui ont capté la scène, mais le portable d'un citoyen. La blogosphère a créé cette nouvelle, reprise par tous les quotidiens, toutes les nouvelles de la radio et de la télévision deux jours plus tard.

Dans le même ordre d'idées, la mort d'un immigrant polonais à l'aérogare internationale de Vancouver à la mi-octobre 2007 après avoir reçu plusieurs décharges de 50 000 volts d'un pistolet Taser a fait les manchettes autour du monde un mois plus tard après qu'un jeune témoin de Victoria eut rendu publique sur You Tube la vidéo des événements. La diffusion a provoqué un tollé au Canada et dans le monde pendant une semaine et a mis en question l'utilisation légitime de cette arme par les corps policiers.

Le journaliste citoyen, muni de sa caméra, de son appareil vidéo et de son portable, est sur les lieux d'un événement marquant, souvent avant le reporter. On a vu son témoignage, ses photos et ses vidéos lors du tsunami en Asie du Sud en décembre 2004, lorsque le *Concorde* s'est écrasé en juillet 2000 à Paris et lorsque la milice chinoise a pris d'assaut Lhassa, la capitale du Tibet en mars 2008. Par exemple, lors de la tuerie en avril 2007 à l'Université Virginia Tech, CNN a reçu pas mois de 420 clips vidéo des étudiants. À titre complémentaire se retrouve The Huffington Post créé en 2005 par Arianna Huffington et qui est un site Web de nouvelles et de commentaires qui visent à faire contrepoids aux idées conservatrices du Parti républicain. Depuis, son auteure s'est développée une réputation d'«experte» et commente ainsi régulièrement l'actualité à CNN et à CBC et sur Politico.com.

Chose tout aussi remarquable, le citoyen veut participer à la nouvelle et devient une source d'information avant même que le reporter le recherche. De nouveaux sites Web sont ainsi créés, comme IReport.com de CNN et Nowpublic.com de Vancouver. Les salles de nouvelles sont plutôt mal à l'aise, croyant que seuls les journalistes de profession peuvent produire un reportage équilibré et bien documenté. Cependant, compte tenu de l'ardeur du citoyen, de la rapidité avec laquelle la nouvelle est transmise et de l'appétit du consommateur pour tout savoir et voir l'événement au moment où il se produit, les médias n'ont pas d'autre choix que de composer avec cette nouvelle réalité.

Les médias sociaux commencent à peine à se formaliser sur la Toile. Par exemple, le *Digital Journal.com* est devenu en 2006 le premier «quotidien» numérique. Présent dans 140 pays, y compris au Canada, il offre des nouvelles provenant de journalistes professionnels à la pige que sont payés et de simples citoyens qui proposent gratuitement des récits, des faits divers, des sujets de discussion et des opinions. Le journal est produit sept jours par semaine et les nouvelles sont affichées tout au long de la journée.

Qui possède un cellulaire à photos ou un cellulaire vidéo? Monsieur et madame tout le monde, âgé entre 11 et 95 ans! Dans un proche avenir, ils pourront projeter, à partir de leur cellulaire, une image sur toute surface plane avec le nouveau gadget PicoP de la société Microvision. Mais que chacun se le tienne pour dit : tout le monde est désormais susceptible d'être pris en flagrant délit ou d'être objet de voyeurisme. C'est aussi ça l'invasion de la rue, le cinquième pouvoir entre les mains du consommateur. On parle ainsi d'ubiquité de communication au sens d'Orwell ou encore d'une vision panoptique à la Foucault[5].

4.8 L'INFLUENCE D'INTERNET

En somme, Internet n'est plus seulement une courroie de transmission de l'information. Il est pratiquement devenu la conscience populaire du globe. On y retrouve à la fois tout ce qu'il y a de plus pervers sur cette terre au niveau des mœurs et tout ce qui peut sauver l'homme de l'iniquité et de l'injustice.

---

5. Orwell 1985 et Foucault 1975.

Sur le plan des médias, Internet redéfinit la radiodiffusion. La technologie a détruit les silos des médias traditionnels et les a réunis en une seule vitrine. Conséquence ? Le consommateur peut dorénavant consulter les nouvelles qu'il veut quand il le veut et n'importe où, à l'épicerie, sur la plage, dans l'autobus. Il a la liberté totale du choix. Le consommateur de nouvelles qui cherche un canal actif, choisira Internet parce qu'il trouve que les médias traditionnels sont trop passifs et qu'ils forcent à un rituel et à des habitudes de temps et d'espace.

Internet, c'est l'ensemble des moyens de communication sur petit écran, souvent aussi petit que l'écran d'un téléphone cellulaire. On peut y diffuser les émissions de télévision et de radio, reproduire les articles de journaux et de périodiques avec autant de publicité que dans les médias traditionnels. On peut le personnaliser en créant pour le monde entier son propre site pour raconter sa petite histoire de famille.

Les internautes ont de plus en plus accès à des services gratuits, y compris des moteurs de recherche, des portails, des réseaux sociaux et l'accès à nos comptes d'utilisateurs de toutes sortes – bancaire, téléphone, cartes de crédit, électricité. À leur tour, les internautes attirent les annonceurs et Internet gruge sans cesse du temps d'écoute à la radio, à la télé, du temps de lecture aux magazines et aux journaux. Ce phénomène n'est pas sans déstabiliser les grands réseaux dits traditionnels et les modèles commerciaux courants.

Sur le plan de la nouvelle, Gesca ltée, propriété de la société Power Corporation du Canada, a créé un site de nouvelles *Cyberpresse* qui réunit ses sept quotidiens. Le bloque de 20 journalistes des quotidiens habite le site de *Cyberpresse*. Le réseau TVA a le sien, Canoë.ca. Global possède le site canada. com. Bien sûr, la SRC et CBC ont leur site Web de nouvelles également, radiocanada.ca et CBC.ca.

Selon les statistiques du Bureau canadien de la publicité en ligne en 2007[6], l'internaute moyen passe pas moins de 34 heures par mois à naviguer sur Internet. C'est tout près de l'équivalent d'une semaine de travail à temps plein. On peut s'attendre à ce que les publicitaires rééquilibrent leur budget afin d'accorder une plus grande place à ce nouveau média qui n'en est plus un. Le papier serait devenu une très vieille technologie pour les consommateurs !

Enfin, la webtélé pour le grand public est à nos portes et pourrait être disponible à des millions de téléspectateurs accros à la fois à Internet, à leur cellulaire et à leur téléviseur. Ce nouveau produit facilitera l'affichage sur un

---

6.   Bureau canadien de la publicité, données de 2007.

téléviseur ou sur un téléphone d'un contenu vidéo tiré d'Internet. Le consommateur qui cherche tout le contenu de divertissement et tout le contenu de l'information n'aura pas à se déplacer de son fauteuil, grâce à cette innovation. Cette nouvelle vitrine qui rapprochera le Web et la télé attirera un marché grand public et une avalanche de revenus publicitaires.

Selon le CRTC, plus de 93 % des ménages au Canada étaient branchés à Internet haute vitesse en 2008[7]. Les Canadiens passent en moyenne 46 heures sur Internet chaque mois et plus de 83 % d'entre eux regardent une vidéo sur le Web.

4.9 LA SEGMENTATION DES MARCHÉS

Les médias se démarquent aujourd'hui par la manière qu'ils ont de cibler des créneaux de marché. Des segments de grands publics, si vous voulez. L'exemple le plus étourdissant est peut-être la panoplie de périodiques disponibles sur le marché et qui réussissent à se réinventer en répondant aux besoins de petites clientèles plus pointues. Il n'y a pas si longtemps, on ne trouvait sur les tablettes des tabagies qu'un type de magazine dit féminin ; on en trouve désormais une grande variété. À preuve : il y a des périodiques pour les adolescentes, les jeunes adultes urbains, les modistes professionnelles, les *goths*, les cuisinières, les culturistes, les voyageuses, les aînées, sans compter les magazines qui traitent de parentage, de carrière ou d'érotisme dans le couple.

L'observation de ces diverses expressions n'est pas sans rappeler les thèses de la post-modernité qui tendent à valoriser l'expression des unicités de points de vue en opposition à l'unité de pensée[8].

Son expression se manifeste particulièrement par les tensions qui existent entre la télévision généraliste et les chaînes spécialisées. Un regard succinct sur les 171 canaux de télévision spécialisée payants et à la carte au Canada illustre cet aspect. En 2007, il y en avait 23 en français, 119 en langue anglaise et 29 en d'autres langues[9], dont 28 services analogiques et 15 stations numériques ; chacun de ces canaux vise une segmentation de marché. Là aussi on trouve de tout : des postes de télé pour hommes uniquement, pour jeunes enfants, pour les sportifs, les amateurs d'art. Des postes sur la santé, le bricolage, la menuiserie, la rénovation, la météo. Des postes sur les films du monde, l'animation,

---

7. Rapport de surveillance des communications du CRTC en 2008.
8. Lyotard 1979.
9. Rapport de l'Association des radiodiffuseurs, 2009.

les classiques, l'humour, le drame, la peur. Des postes consacrés uniquement à des reprises de séries de télévision de type comédie de situation (*sitcom*).

Des sites Web ont été créés en fonction d'une segmentation encore plus pointue que ce que l'on voit du côté de la télévision et des périodiques.

4.10 LA GRATUITÉ DE L'INFORMATION

Les quotidiens et la télévision généraliste vivent un effondrement de leurs recettes publicitaires depuis quelques années, aux États-Unis notamment mais également au Canada. La section 5.6 fait état des contraintes commerciales importantes de ces médias. Bernard Poulet, dans son livre *La fin des journaux et l'avenir de l'information*, attribue cette observation à la disparition du modèle économique sur lequel fonctionnent les quotidiens[10].

La gratuité de l'information qu'a fait surgir Internet serait au cœur du problème. En effet, comme on l'a vu plus haut, tous les médias se sont transposés sur la Toile et sont offerts gratuitement à l'ensemble de la population. Certains revenus publicitaires ont également migré vers la Toile, mais pas assez pour combler les pertes de revenus publicitaires des médias traditionnels. De nouveaux quotidiens tels *Métro* et *24 Heures* qui sont offerts gratuitement sur la rue dans les grandes villes, accaparent à eux seuls à Montréal 28 % du lectorat[11], une tendance qui pourrait augmenter. Les abonnés des quotidiens et des périodiques et les consommateurs qui achètent en kiosque y pensent deux fois avant d'acheter une publication disponible gratuitement sur un autre support.

De plus, les moteurs de recherche ont ajouté leur propre fil de presse : Yahoo News, AOL News et Google News. Tous les internautes peuvent consulter les nouvelles gratuitement, sans abonnement. Ils tirent les nouvelles à partir des agences de presse et des grands groupes de presse avec lesquels ils ont signé des ententes. Ils sont des parasites de la nouvelle et ne servent qu'à la rendre disponible à tous.

Enfin, même les fils de presse traditionnels comme AP, Reuters, Bloomberg et La Presse canadienne subissent des pressions et doivent revoir leurs stratégies pour offrir de nouveaux services afin de compenser le manque à gagner des journaux. En août 2009, la Presse canadienne s'est associée à une firme australienne, Pagemasters, pour créer Pagemasters North America, dans le but

---

10. Poulet 2009.
11. Données de Nadbank, pour 2007-2008.

d'offrir des services rédactionnels aux journaux du Canada et des États-Unis et ainsi augmenter ses revenus.

4.11 LE NOUVEAU MOT D'ORDRE: MAÎTRISER LA TOILE

L'entreprise, tout comme les institutions publiques et les organismes sans but lucratif ont raison de se sentir surveillés. Les moyens de communication de l'an 2000, qui sont devenus également des outils de surveillance, les y obligent. On peut parler d'une subversion des fonctions, des usages, voire une inversion de sens à des fins manipulatoires ou instrumentales, pour ne pas citer Habermas.

Ce phénomène a poussé l'entreprise a affiché ses valeurs: la saine gouvernance, la transparence, les pratiques liées à des principes d'éthique, l'adhérence à des codes de déontologie des professions et à l'engagement communautaire.

L'univers médiatique ne se passe plus du Web pour diffuser de l'information ou pour communiquer avec son audience. Les connexions haut débit lui donnent des avantages, comme l'interactivité et les formats d'animation et de vidéo, l'instantanéité de la nouvelle, la convergence des contenus et l'accès à un public qui n'a plus de bornes. En effet, les médias cherchent tous à étendre leur territoire et à faire rayonner leur marque. De plus, les médias veulent établir de nouvelles relations avec les consommateurs et les accompagner sur les nouveaux supports de diffusion de l'information et de divertissement.

De son côté, l'entreprise doit chercher à s'adapter au cyberjournalisme. Comment?

D'abord, elle doit être consciente autant du risque qu'elle représente que des possibilités. Les moteurs de recherche lui sont disponibles pour capter ce qu'on dit à son sujet partout sur la planète.

La nouvelle de la tuerie de 12 employés de la multinationale SNC-Lavalin de Montréal à Alger en Algérie en août 2008 a fait le tour du monde en un clin d'œil. Une recherche simple sur le bouton «Actualités» de Google, en utilisant les mots «SNC-Lavalin», donne un aperçu du nombre d'articles qui traitent de ce sujet. On peut en faire autant sur tous les moteurs de recherche.

Ce ne sont pas uniquement les médias qui sont à surveiller sur la Toile. Les groupes de pression également. Le citoyen ordinaire qui dit ce qu'il veut sur MySpace et qui a le pouvoir de rallier des centaines de personnes à son point de vue risque de créer un fait divers grivois pour les journalistes.

Les agences de surveillance de la nouvelle ont les outils en main pour dépouiller tous les types de médias et tous les sites Web, rassembler les articles, analyser le contenu et produire un rapport muni de recommandations. Le service de communication de l'entreprise doit s'en prévaloir afin de suivre l'évolution de l'opinion publique au sujet de son entreprise.

Toute entreprise devient une cible, autant chez elle dans son secteur d'activité qu'ailleurs dans le monde où elle fait des affaires. C'est le nouveau mot d'ordre.

CHAPITRE 5

Les types de médias d'information

5.1 OBJECTIF

Les médias d'information ne constituent qu'une composante de l'univers médiatique. Malgré la prolifération des supports qui modifient la pratique journalistique et les usages des consommateurs, il reste que les médias d'information traditionnels occupent encore une place centrale dans la production de nouvelles quotidiennes. Dans ce chapitre, nous distinguerons les types de médias d'information.

5.2 UN APERÇU

On est loin des crieurs publics du Moyen Âge qui annonçaient, de façon officielle et pour les dirigeants, les principales ordonnances de l'État dans toutes les villes. Le bouche à oreille des récepteurs présents, les citoyens, servait à transmettre la nouvelle, tant mieux que mal. Malgré les progrès technologiques, le dazibao perdure dans certaines civilisations comme la Chine, où l'on affiche dans les places publiques pour être lues les nouvelles de l'heure.

Un aperçu de l'évolution mondiale des médias, depuis 1700, se trouve en annexe. Plus près de chez nous, nos grands-parents ont été témoins de l'avènement des médias modernes au Canada, en commençant par la radio. Le premier permis canadien de radiodiffusion a été accordé à CFCF (poste de radio anglophone) de Montréal en 1919. CKAC, la première station de radio commerciale de langue française, diffuse à Montréal en 1922, deux ans seulement après la première radio en Pennsylvanie. Avec l'installation de nouveaux émetteurs à Toronto et Montréal en 1937, le rayonnement national de la radio passe de 49 % à 76 %.

Paris prend les devants en introduisant au monde la première station de télévision commerciale en 1939. L'histoire de la télévision canadienne commence en septembre 1952 avec la diffusion de la première émission de la Société Radio-Canada et CBC depuis Montréal et Toronto. Cette année-là, on recensait 146 000 téléviseurs au Canada, et trois mois plus tard, il y en avait 224 000. En 1956, 27 stations privées ou appartenant à la SRC étaient en service, desservant les trois quarts des 15 millions d'habitants que comptait alors le pays. Toutes les stations étaient affiliées à la SRC et diffusaient plus de 50 heures par semaine, près de la moitié des émissions étant canadiennes. Le réseau de télévision CTV est arrivé en 1961, près de 10 ans après l'arrivée de la télévision au Canada. Ce n'est que vers la fin des années 1960 que le réseau de télévision TVA a été créé.

Au fil de l'évolution, chacun des types de médias – imprimés, électroniques et numériques – a dû se démarquer pour survivre et conserver son tirage ou sa cote d'écoute et pour solidifier son avantage.

5.3 LES IMPRIMÉS

Les imprimés désignent les journaux, qu'ils soient quotidiens ou hebdomadaires, et les périodiques. La plupart tirent leurs revenus d'une combinaison d'abonnements, de ventes en kiosque et de publicité. Aujourd'hui, pratiquement tous les imprimés ont un site Web, alors qu'en 1997, par exemple, seulement six magazines canadiens s'étaient risqués de ce côté.

5.3.1 LES QUOTIDIENS ET LES HEBDOS

Les quotidiens

Le Canada compte trois quotidiens dits « nationaux », soit *La Presse*, le *Globe and Mail* et le *National Post*. C'est là que l'on trouve la plus grande quantité de nouvelles et un plus grand contenu de nouvelles nationales et internationales, de commentaires et d'analyses dans les secteurs de l'actualité, de la politique, des arts, de l'économie et du sport. Les autres quotidiens, 105 au total, demeurent une source d'informations locales et régionales. *Le Devoir* constitue cependant un cas un peu unique en étant une sorte de journal d'élite, malgré la petitesse de ses moyens et de son tirage.

Le Canada compte plus de 1 000 hebdomadaires régionaux ou journaux communautaires, dont près de 200 au Québec. Le tirage total de ces hebdos s'élève à 11 millions d'exemplaires d'un bout à l'autre du pays. Ils sont la propriété de quelque 300 sociétés, la plupart indépendantes.

La différence entre les quotidiens et les hebdos se résume en quelques faits importants. Le premier s'inscrit davantage dans le court terme alors que le second a une visée de plus ou moins long terme.

D'abord, il y a la tombée. L'heure de tombée d'un quotidien, en principe, ne peut dépasser 19 h chaque jour de la semaine, compte tenu que les quotidiens sont imprimés la nuit, offerts en kiosque dès l'aube et livrés très tôt le lendemain matin. Pour les hebdos, la date de tombée est habituellement deux ou trois jours avant la publication.

Puis il y a la question du temps de l'actualité. Les quotidiens traitent une actualité en un temps très court. Il s'agit de la nouvelle de l'heure alors qu'une meute de journalistes courent les événements autant prévisibles qu'inattendus. Le temps de production des hebdos est plus variable et s'étend sur des nouvelles qui ont eu lieu au cours des jours de la semaine précédant la parution. Dans certains cas, il s'agira d'un rappel des grands événements et d'une multitude de faits divers qui sont à proximité du lecteur, c'est-à-dire qui touchent son voisinage.

Enfin, il y a l'ampleur de la division du travail. Dans un quotidien elle est relativement importante. Par exemple, c'est le chef de pupitre qui s'amusera à imaginer les manchettes et les titres susceptibles d'accrocher le lecteur. Aussi parle-t-on d'un pouvoir arbitraire de sélection sur une interprétation du contenu. Le journaliste de l'hebdo, seul dans bien des cas, écrira pratiquement tous les articles. Il traitera de questions d'intérêt sur les quartiers de la ville ou du village, y compris les foires, les réunions du conseil municipal et les événements sportifs locaux.

Le visuel a pris une plus grande importance dans le design des quotidiens. La venue du journal américain *USA Today* en 1982 a constitué un point tournant. Ce journal coloré couvre le marché américain et se démarque des autres par ses nombreuses photos, ses graphiques et ses tableaux en couleurs et ses sondages fréquents. L'allure du *USA Today* visait à imiter le visuel de la télévision et à se démarquer des autres grands quotidiens américains, ternes et en noir et blanc. Au Canada, seul le nouveau look de *La Presse* depuis 2003[1]

---

1.   La dernière refonte graphique de *La Presse* remonte au 7 octobre 2003, réalisée sous Guy Crevier, président et éditeur.

s'apparente un peu à ce journal américain. Par contre, pratiquement tous les journaux se sont employés à garnir leur mise en page au moyen de la couleur, du graphisme et de la qualité des photos.

Enfin, on remarquera la présence – désormais permanente – des quotidiens gratuits, un concept venu de la Suède. Depuis 2003, on trouve dans les rues des grandes villes occidentales, dans les bouches de stations de métro et près des arrêts d'autobus, de petits quotidiens, tels *Métro* et *Journal 24 heures* distribués gratuitement. Au Canada, il y en a à à Montréal, Ottawa, Toronto, Calgary, Edmonton et Vancouver. Ces quotidiens offrent un sommaire des nouvelles locales, nationales et internationales rassemblées par le réseau propriétaire et tirées de la Presse canadienne et d'autres agences de presse. Ils sont la propriété de Médias Transcontinental, de Quebecor et de Canwest.

Le tableau[2] à la page 71 identifie les propriétaires des quotidiens sur le territoire canadien. On observe que les sociétés québécoises possèdent 54 % de ces journaux et sont présents dans huit provinces.

Les hebdomadaires

Les hebdomadaires continuent de conserver une place de choix chez les lecteurs. Ce sont les médias les plus lus partout au Canada. Ce sont eux qui sont le plus près des préoccupations locales et régionales. Les sondages périodiques[3] de la Canadian Community Newspaper Association révèlent que trois quarts des adultes lisent un hebdo chaque semaine, comparativement à 60 % des adultes qui lisent un quotidien par semaine.

Le Canada compte plus de 1070 hebdos, présents dans toutes les provinces et les trois territoires, dont 170 en langue française dans toutes les provinces et dans les territoires sauf au Nunavut. Vingt-quatre hebdos francophones sont lus hors Québec et regroupés sous l'Association de la presse francophone. Une trentaine d'hebdos sont des publications autochtones présentes dans sept provinces et deux territoires. Près de 25 % des hebdos sont de propriété unique, 17 % des journaux sont la propriété de groupes indépendants qui en possèdent entre deux et neuf et 10 sociétés sont propriétaires de 61 % des hebdos au Canada. Le nombre total d'hebdomadaires a augmenté de 25 % depuis 1999, dans toutes les provinces et les trois territoires.

---

2.   Compilé à partir des données de l'Association canadienne des journaux, 2008. En ligne : http://www.cna-acj.ca/fr/aboutnewspapers/media/quotidiens-au-canada.

3.   Les données les plus récentes sont tirées du rapport *Snapshot 2007, A Profile of Community Newspapers*, de la Canadian Community Newspaper Association.

Propriétaire	T.-N.-L.	N.-B.	N.-É.	Î.-P.-É.	Qc	Ont.	Man.	Sask.	Alb.	C.-B. Yn	Total
Black Press									1		1
Brunswick News		3									3
Canwest					1	3		2	2	5	13
Continental Newspapers						1				2	3
CTVglobemedia						1					1
FP Canadian Newspapers							2				2
Glacier Media					1				2	9	12
Halifax Herald			1								1
Groupe Gesca					6	1					7
Quebecor					3	31	2		6	1	43
Torstar						5					5
Transcontinental	2		4	2				2			10
Indépendants		1			1		1			1	4
Total	**2**	**4**	**5**	**2**	**12**	**42**	**5**	**4**	**11**	**18**	**105**

Propriété des quotidiens par province en 2009

Le tableau[4] à la page 73 identifie les propriétaires des hebdos sur le territoire du Canada. On observe que la société québécoise GTC Transcontinental est présente dans sept provinces tandis que la société Glacier Média est présente dans cinq provinces, y compris au Québec.

5.3.2 LES PÉRIODIQUES

Selon l'organisme Magazines Canada, il y avait plus de 2 383 titres de périodiques vendus au Canada en 2003. Le contenu canadien dépasserait 80 %. Le nombre de titres s'élevait à 660 en 1960 et à 1 678 en 1993.

En matière de contenu, 40 % des périodiques sont d'intérêt général, 30 % sont des publications spécialisées ou des revues professionnelles, 27 % sont des revues savantes et des magazines religieux et 4 % traitent de choses agricoles.

Les périodiques visent les intérêts particuliers de groupes variés dans tous les domaines de la vie, du secteur agricole à la finance en passant par le bricolage, la mode, la religion, la gastronomie et le tourisme, du jeune écolier au chercheur universitaire et s'adressent à toutes catégories d'âges, d'éducation et d'orientation sexuelle des hommes et des femmes. La segmentation des marchés est tout à fait bien représentée dans ce marché de l'édition.

Les magazines ont dû se transformer pour sortir du lot face à leurs concurrents et pour se démarquer d'Internet. De plus, ils cherchent à redonner à leurs lecteurs le plaisir de feuilleter. Le papier n'est pas mort, malgré la mode du numérique.

La presse magazine veut surprendre à chaque page, attirer le regard du lecteur-zappeur et réaffirmer son identité. Très peu de magazines ont opté pour la stratégie du seul format Internet ; ils ont plutôt cherché à allier papier et informatique pour plaire à leurs lecteurs.

Pour marquer leur différence face à Internet, les magazines prêtent maintenant une plus grande attention à la qualité du papier et privilégient des couleurs qui sont plus difficiles à utiliser sur un écran d'ordinateur : le noir et blanc, le doré et l'argenté, les couleurs fluo.

---

4. Compilé à partir des données du rapport *Snapshot 2007, A Profile of Community Newspapers* de la Canadian Community Newspaper Association, du rapport Community Markets Canada 1999 du CCNA de Hebdos Québec, de la Quebec Community Newspapers Association et des données fournies par les propriétaires, en date du 31 mai 2009.

Propriétaire	T.-N.-L.	N.-B.	N.-É.	Î.-P.-É.	Qc	Ont.	Man.	Sask.	Alb.	C.-B.	Terri-toires	Total
Black Press										71		71
Brunswick News		19										19
Canwest						5				18		23
Hebdos Montérégiens					16							16
Glacier Media					2	1	11	33	31	28		106
Great West N									20			20
Performance Printing						10						10
Quebecor					43	66	10	5	33			157
Torstar						97						97
Transcontinental	14	1	10		58	4		4		2		93
Francophone, hors Québec	1	2	1	1		13	1	1	1	1	2	24
Autochtone			1		3	7	4	2	2	7	4	30
Groupes (2-9) indépendants	1	1	10	4	34	53	10	20	27	6	6	172
Indépendants		1	7		26	90	24	39	29	14	4	234
Total	16	24	29	5	182	346	60	104	143	147	16	1072

Propriété des hebdos par province en 2009

À long terme, les spécialistes des magazines croient qu'Internet peut conduire à une revalorisation de la presse écrite si elle entend bien jouer son rôle : faire un produit de qualité, avec des contenus gratifiants et ciblés, qui vont de pair avec le plaisir de lire et de feuilleter.

Le webzine (magazine en ligne) a pris sa place sur la toile depuis quelques années. C'est la formule numérique du périodique qui regroupe des articles originaux et des opinions sur divers thèmes, tels la mode, la musique et le cinéma. Comme pour un magazine, la parution du contenu neuf est régulière. Certaines formules sont interactives, permettant aux internautes d'ajouter leur grain de sel aux articles qui les intéressent.

Dorénavant, les chances d'attirer l'attention d'un périodique de grande taille comme *L'Actualité* ou *Maclean's* sont bien minces pour les relationnistes à moins de travailler dans un secteur qui se trouve au cœur de l'actualité. Il en va autrement pour une foule de périodiques spécialisés aux rédactions de petites tailles qui sont composées dans une large mesure de rédacteurs pigistes et qui doivent constamment alimenter leurs pages de conseils, d'entrevues et de reportages.

5.4 LES MÉDIAS ÉLECTRONIQUES

La radio et la télévision demeurent les deux types de médias électroniques qui sont assujettis aux règlements et aux normes du Conseil de la radiodiffusion et des télécommunications canadiennes (CRTC), tant les diffuseurs publics que les diffuseurs privés.

5.4.1 LA RADIO

Le marché de la radio au Canada se divise en deux groupes, soit la radio d'État et la radio commerciale. À l'instar du marché des périodiques et de celui de la télévision, les stations de radio se démarquent en fonction de leurs auditoires.

Sur le plan de la nouvelle, la radio est la plus immédiate et la plus accessible. Les bulletins de nouvelles ont lieu aux demi-heures et une émission peut être interrompue facilement pour transmettre une alerte météorologique ou une catastrophe quelconque.

La radio d'État, Radio-Canada et CBC, est présente presque partout au pays. Le format, une radio parlée d'abord, se spécialise en émissions d'affaires publiques, d'arts et de civilisation. Partout où elle est diffusée, on y retrouve une émission locale le matin et l'après-midi. Entre ces périodes, les émissions parviennent surtout du réseau de Montréal ou de Toronto. Certaines émissions nationales sont réalisées en région. La radio d'État compte également un poste de musique variée, Espace musique en français et Radio 2 en anglais.

La radio commerciale peut prendre divers formats comme les chaînes qui se consacrent exclusivement aux sports, aux émissions de lignes ouvertes ou à des thèmes religieux. En juin 2007, la première radio à exploiter uniquement un marché gai, PROUD FM, a été inaugurée à Toronto.

Le marché de la radio qui est en pleine expansion est celui de la radio ethnique qui est diffusée à Montréal, par exemple, sur la bande AM. Longtemps confinées à l'*underground*, ces stations de radio remplacent les fréquences de celles qui ont migré vers la bande FM et prennent la forme d'abord d'une radio communautaire. Le phénomène de la radio ethnique, aussi répandu à Toronto et à Vancouver, suit la croissance de l'immigration. Aussi peut-on y voir une expression de la postmodernité dans son expression des unicités car cette dernière tient à reconnaître la diversité culturelle et favorise l'expression des unicités, des singularités. Ainsi, la radio ethnique concrétise la théorie de la postmodernité.

LA RADIO ETHNIQUE À MONTRÉAL

À part la radio italienne, grecque et CINQ FM qui diffusent en plusieurs langues, il y a la radio Moyen-Orient pour les arabophones de Montréal – du Maroc à l'Iraq –, la radio Shalom pour la communauté juive, la radio Humsafar pour les communautés indienne, pakistanaise, sri-lankaise et bangladaise, la radio Chinoise et CPAM pour la communauté haïtienne. Comme on estime qu'à Montréal seulement 35 % de la population parle une autre langue que le français et l'anglais, pour ces gens, la radio est un outil indispensable. Elle peut permettre au nouvel arrivant d'amortir le choc de l'exil. Elle peut faire le pont entre l'immigré et sa société d'accueil. Elle peut lui expliquer, dans sa langue, le système de santé, la politique, la culture et la vie municipale. Elle peut lui donner la parole sur les tribunes téléphoniques. Elle peut faire jouer des airs de chez lui. Enfin, elle peut lui donner des nouvelles détaillées de son pays d'origine. RCI viva, une radio numérique sur le site Web de Radio-Canada, fait de même pour les nouveaux immigrants.

Autant ce phénomène de la radio ethnique peut être valorisé dans son rôle de catalyseur pour faciliter la transition des populations immigrantes, autant il faut reconnaître par contre que les stations de radio privées dépendent de plus en plus des agences de presse, avec comme effet pervers, un renforcement d'un processus d'homogénéisation de l'information.

Les stations de radio privées investissent désormais très peu dans l'information. Les salles de presse régionales et locales se sont réduites comme peau de chagrin. On y trouve en général deux ou trois personnes qui cumulent les tâches de rédacteur, de réviseur et d'annonceur. Les bulletins de nouvelles sont confectionnés à partir du fil de presse, quand ils ne sont pas produits par une tête de réseau. Par conséquent, on y trouve surtout des manchettes qui défilent pendant trois minutes.

5.4.2 LA TÉLÉVISION

Ce qui distingue la télévision des autres types de médias, c'est le visuel. L'image et les séquences en temps réel nous font vivre les événements, qu'ils se passent dans le quartier voisin ou au Proche-Orient. Le privilège de la proximité n'existe plus. Nous sommes témoins oculaires des moments forts de l'histoire du monde, là où elle se produit.

Sur le plan de la nouvelle, la télévision est pratiquement aussi instantanée que la radio. Les chaînes de nouvelles qui diffusent 24 heures par jour permettent aux téléspectateurs de suivre l'évolution de la nouvelle aux quarts d'heure.

Comme la radio, la télévision canadienne se divise en deux : la télévision d'État et la télévision commerciale.

La télévision d'État, la SRC et la CBC, est présente dans chacune des provinces et des territoires canadiens. Cependant, elle est en concurrence directe avec la télévision privée pour ce qui a trait à la publicité.

Le réseau de Radio-Canada compte sept stations dont deux lui appartiennent – celles de Montréal et de Québec. Les cinq autres sont privées et lui sont affiliées. Les réseaux du télédiffuseur public de la CBC comprennent 35 stations, dont 22 lui appartiennent. Six diffusent la programmation de la SRC et les 16 autres, celle de la CBC. Les 13 stations privées sont affiliées à la CBC.

L'offre télévisuelle s'est enrichie au cours des 20 dernières années par l'arrivée des canaux spécialisés, analogiques et numériques, dont certains offrent uniquement de l'information comme RDI de Radio-Canada, LCN du Groupe

TVA, Newsworld de la CBC et Newsnet de CTVglobemedia. Sur le plan international, les francophones jouissent de TV5, une chaîne multilatérale formée de la France, du Canada, de la Suisse et de la Belgique qui diffuse une programmation hétéroclite de chacun des pays membres.

Comme il s'agit de l'information, ce média visuel comporte de grandes différences, entre la télévision généraliste et la télévision spécialisée, entre la télévision publique et la télévision privée et entre la télévision nationale et la télévision régionale.

On aura compris que l'information est l'affaire des généralistes qui ont encore accès à des marchés télévisuels considérables. Règle générale, le mandat des chaînes spécialisées qui diffusent par le câble ou par satellite les dispense de s'occuper d'information. Cependant, cela ne veut pas dire qu'ils n'ont pas de contenu d'affaires publiques ou d'intérêt général.

Lorsque nous parlons de télévision publique au Canada, nous pensons à la SRC-CBC et non pas à Télé-Québec ou à TVO. Le mandat accordé à la SRC-CBC donne beaucoup d'importance à l'information dans tout le pays. Malgré la stagnation relative des revenus de la publicité observée depuis l'an 2000 et malgré aussi des mises en cause répétées du statut du diffuseur public par les généralistes privés au sujet du financement de la SRC-CBC, celle-ci dispose encore de beaucoup de ressources financières qui lui permettent d'être un joueur de premier plan au Canada pour ce qui est du journalisme de qualité et d'enquête. Le site Web national, tant en français qu'en anglais, est de grande qualité. Les chaînes RDI et Newsworld sont, elles aussi, de bonne qualité.

Télé-Québec et TVO ont essentiellement un mandat éducatif, bien que l'on trouve des émissions d'affaires publiques où l'on traite d'actualité.

Les grands réseaux privés s'occupent toujours d'information et tentent de modifier les règles du jeu de plusieurs manières. Ils cherchent à modifier les règles du diffuseur public, ils jouent le jeu de la convergence à plein et font des pressions auprès du CRTC pour assouplir leurs mandats. De nos jours, CTV et TVA accordent passablement de ressources à l'information au niveau tant national que régional, ce qui alimente la panoplie de dérivés Internet. Mais, vu la fragmentation des auditoires, parviendront-ils un jour à obtenir du CRTC un mandat substantiellement différent, comme l'a fait Remstar avec TQS ?

Les grands réseaux de télé produisent l'information tant au niveau national, à partir des centres de commande de Montréal ou de Toronto, qu'au niveau régional, à partir de Québec, Gatineau, Saskatoon et Chicoutimi, par exemple. Pour le moment, la production locale de nouvelles se maintient lorsqu'il y a

un minimum de ressources. Combien de temps cela va-t-il durer? Il est difficile de le prédire. Mais il reste qu'à présent la règle de l'abondance de l'offre
joue. Il est relativement simple de pénétrer les bulletins régionaux lorsque l'on
a des propositions racontables, faites de manière professionnelle avec des porte-
parole agréables.

Enfin, les chaînes d'information continue constituent un élargissement
considérable de la possibilité de couverture médiatique. Elles ont la capacité
de s'alimenter de tous les éléments de leur réseau national, en plus de faire
appel à leurs vis-à-vis internationaux, comme la BBC et France Inter.

5.4.3   LES MÉDIAS NUMÉRIQUES

L'application et l'utilisation des sites File Transfer Protocol (FTP), des
réseaux locaux, des réseaux longue portée, des modes de connexion à Internet
RNIS et T1 et du protocole TCP/IP ont augmenté énormément au cours des
dernières années.

Tous les types de médias ont compris l'importance du rayonnement
universel en créant leur propre site Web. Maintenant, les présentateurs de
bulletins de nouvelles terminent leur émission en renvoyant les téléspectateurs
au complément de nouvelles en webdiffusion et en baladodiffusion (*podcasting*).
Cependant, il y a de grands écarts entre les contenus baladodiffusés francophones et anglophones au Canada. Par exemple, alors que la radio de
Radio-Canada ne propose qu'une dizaine d'émissions en baladodiffusion, y
compris des bulletins de nouvelles, la CBC en offre près d'une trentaine, dont
12 figuraient dans le top 100 de iTunes en octobre 2007. Selon une étude
publiée à l'automne de 2007 par Ad hoc recherche pour le compte d'*Infopresse*,
plus du cinquième des Québécois ont accès à un baladeur numérique et à un
ordinateur branché sur Internet. Pourtant, même s'ils en ont la capacité, seulement 12 % d'entre eux ont déjà téléchargé et écouté des contenus
baladodiffusés.

Le consommateur possède tous les choix possibles où qu'il se trouve : suivre
son émission préférée sur le grand écran devenu la télé, le moyen écran étant
l'ordinateur et le petit écran, le portable.

CHAPITRE 6

Les types de journalistes

....

6.1 OBJECTIFS

Ce chapitre présente les divers types de journalistes, en signalant d'abord ce qui est commun au travail des journalistes. Puis, nous ferons une courte typologie des métiers que l'on trouve dans une salle de rédaction. Enfin, nous distinguerons les divers types de reporteurs.

6.2 LA RÉALITÉ CONTEXTUELLE DU MÉTIER

Nous avons déjà dit beaucoup de choses au sujet des journalistes. Ils sont à la fois des professionnels et des employés de sociétés commerciales.

Les journalistes aiment se voir comme les praticiens d'une profession qui a gagné ses lettres de noblesse. Aujourd'hui, ils sont très scolarisés, formés dans des écoles spécialisées et les universités. Les relationnistes les ont toujours considérés comme des professionnels. Lorsqu'ils transigent avec des sources d'information, ils doivent agir avec efficience et maîtrise. Ils doivent aussi établir et maintenir leur crédibilité à l'instar des professionnels.

Ils observent tous un style qui est décrit dans un manuel, le *Guide du journaliste* de la Presse canadienne ou *The Canadian Writer's Handbook*. Le code d'éthique de la profession exige que le journaliste vérifie les faits de ses récits.

Tous les journalistes ne se ressemblent pas. Ils n'ont pas tous la même expérience, ni la même envergure ni la même perspective culturelle ou idéologique.

Ils ne travaillent pas tous dans les mêmes conditions. Le reporteur d'un journal du réseau Sun Media, du *Journal de Montréal* ou de TVA ne rapporte pas la nouvelle de la même manière qu'un journaliste du *Globe and Mail*, de *La Presse* ou de Radio-Canada. Certains médias sont plus superficiels et courts dans le traitement de la nouvelle, tandis que d'autres sont plus profonds et élaborés. La rigueur des salles de nouvelles diffère d'un réseau à un autre, d'un média à un autre. Certains médias sont riches en ressources tandis que d'autres le sont beaucoup moins.

Chacun des médias répond aux besoins en information particuliers de ses publics lecteurs, auditeurs ou téléspectateurs. Certains publics cherchent uniquement la manchette, la radio commerciale répondra à ce besoin par un bulletin de nouvelles de deux à trois minutes aux heures. D'autres porteront une attention particulière aux détails, la radio d'État comblera son besoin par un bulletin de nouvelles de dix minutes aux heures.

Ce ne sont que quelques réalités qui encadrent le journaliste, ce que doit savoir le relationniste.

6.3 LES CADRES

L'éditeur

L'éditeur est souvent le grand patron des quotidiens et des périodiques. C'est lui qui dicte le ton éditorial du journal, en termes sociaux et politiques, et des positions qui sont prises par le média sur une variété de sujets. On dira par exemple que *Le Devoir* a des tendances nationalistes, que *La Presse* et le *Toronto Star* ont un penchant libéral et que le *National Post* et certains quotidiens de Canwest Global ont un penchant conservateur.

Dans les médias anglophones, comme le *Globe and Mail* et le *Montreal Gazette*, le terme *editor* désigne le rédacteur d'un pupitre (*beat*), comme la santé, l'économie, le sport.

L'éditorialiste

L'éditorialiste a pour fonction de donner le point de vue du journal et son point de vue personnel sur une foule d'enjeux touchant la société et les événements d'actualité sur la planète. Il commente l'actualité de manière à provoquer un débat informé. Parfois il critiquera, applaudira, dénoncera ou s'indignera d'une situation tout en respectant les acteurs et leurs idées.

L'éditorialiste en chef du grand quotidien signera ses éditoriaux mais cumulera la fonction de gestionnaire des autres éditorialistes, du responsable de la page des opinions et des lettres au rédacteur. Ces postes sont pourvus par d'anciens journalistes de grande expérience qui servent de sages dans la société. Ils sont en marge de la salle de nouvelles, mais s'inspirent des événements rapportés dans leur quotidien. Une de leurs tâches est d'influencer le lecteur, qu'il soit consommateur, chef d'entreprise ou premier ministre. Ce sont de véritables leaders d'opinion.

L'éditorialiste du quotidien francophone signe toujours ses articles, ce qui n'est pas le cas dans les journaux anglophones. Dans la presse anglophone, le point de vue exprimé par l'éditorialiste est tout à fait celui du propriétaire du média.

C'est l'équipe éditoriale qui traitera des textes proposés par les lecteurs et qui fera un choix en respectant les diverses opinions.

6.4 DANS LA SALLE DE NOUVELLES

Dans certaines salles d'information, la division du travail a peu de hiérarchie. Chez un hebdo, on trouve une ou deux personnes à tout faire, souvent des jeunes, qui se chargent de tout ce qui relève du contenu et qui rendent compte de leur travail au seul propriétaire. Un tel contexte favorise la simplification du travail et la prudence rédactionnelle. Il en va de même pour la salle de nouvelles d'une petite station de radio. À la station CKVM de Ville-Marie au Témiscamingue, le journaliste qui s'occupe de l'information régionale est tout seul et a pour tâche première de produire cinq bulletins de nouvelles par jour.

Dans les salles plus grandes, il y a une division du travail structurée. Voyons certains postes-clés.

6.4.1 LE DIRECTEUR DE L'INFORMATION

C'est par le poste de directeur de l'information de la salle de nouvelles que se dessine le quotidien du lendemain, les nouvelles de la radio et de la télévision. Tous les communiqués de presse passent par le directeur. Il est le chef d'orchestre, ayant la responsabilité globale du contenu. Il fait le tri des nouvelles potentielles, décide des affectations, modifie les priorités, effectue le placement des nouvelles, de la une au plus menu encadré, jette un dernier regard sur le contenu et signe la version finale.

Dans les quotidiens, les associés du directeur de l'information sont responsables de cahiers particuliers comme les affaires, les arts, les sports, la consommation, l'automobile et la technologie.

6.4.2 LE RÉALISATEUR

Le réalisateur est présent au sein des médias électroniques. C'est lui qui dirige le montage ou le programme qui fera l'objet des nouvelles de la radio ou de la télévision ou l'émission d'affaires publiques. De plus, c'est lui qui dicte l'importance de chacune des nouvelles, sa durée et son positionnement dans le programme. Il assure également le bon déroulement de l'émission.

À la radio et à la télévision de Radio-Canada par exemple, on trouve des affectateurs chargés de joindre les correspondants et de leur donner des commandes de reportage. De plus, aux téléjournaux de la CBC, *The National*, et de la SRC, on trouvera un «chef de bureau parlementaire» qui coordonne les reportages en provenance du Parlement canadien et de l'Assemblée nationale à Québec et de tout autre siège d'un gouvernement provincial.

6.4.3 L'AFFECTATEUR

Les quotidiens ont des affectateurs qui décident au jour le jour des affectations des journalistes et des photographes, selon l'actualité. Ils supervisent des journalistes sur le terrain en leur assignant des tâches et des échéanciers, en révisant leurs textes et en les approuvant pour publication ou diffusion. La salle de nouvelles d'un grand journal, comme *La Presse* et le *Journal de Montréal*, comptera plusieurs affectateurs, chacun étant responsable d'un secteur comme les affaires municipales, les arts et spectacles, l'environnement, la mode, les affaires étrangères, la santé et le sports.

6.4.4 LE RECHERCHISTE

Le reporteur sur le terrain n'a pas souvent le temps d'approfondir la nouvelle. Dans une salle de grande envergure, le rédacteur lui demandera de travailler étroitement avec le recherchiste en effectuant des recherches approfondies pour donner à la nouvelle un contexte historique, par exemple, ou un contexte social ou politique. Il remettra le fruit de sa recherche au reporteur qui travaillera la nouvelle en conséquence. Dans le cas de grands reportages télévisés, l'équipe d'enquête travaille sous la surveillance du réalisateur et du reporteur attitré.

Le terme « recherchiste » désigne également la fonction de préparer le travail d'un animateur de radio ou de télévision devant mener une entrevue. Le recherchiste est chargé de faire les contacts avec l'interviewé, de constituer une documentation crédible à son sujet et sur le sujet de son intervention et d'en produire une synthèse digeste.

6.4.5 LA RÉDACTION

La rédaction d'une salle de nouvelles d'un grand quotidien regroupe les chefs de pupitre, les réviseurs, les correcteurs, les traducteurs et les graphistes. En général, les textes sont relus par deux ou trois réviseurs avant de terminer leur route sur le bureau du chef de pupitre qui s'assure de la mise en page et de la rédaction des titres.

6.4.6 LE JOURNALISTE

Le journaliste est responsable de la couverture de l'actualité selon son expertise. Il est là pour rapporter les faits et informer les lecteurs, les auditeurs ou les téléspectateurs. Il travaille sur le terrain et signe ses articles dans les quotidiens, à la radio ou à la télévision en se servant de sources d'information fiables qu'il a bâties au cours de sa carrière. Il s'engage à produire une nouvelle vraie et équilibrée. De base, il est un généraliste qui doit s'organiser l'esprit sur une question précise en très peu de temps et à partir des seules informations que lui fournissent les acteurs.

Dans le cas des quotidiens, le journaliste peut être accompagné d'un photographe. Pour la télévision, c'est le caméraman qui le soutiendra.

Le spécialiste

Certains de ces journalistes sont des spécialistes dans les domaines de la santé, de l'environnement, des finances, de l'éducation, de l'agriculture, du droit, de la culture, de la politique ou de la scène internationale, par exemple. Ils le sont devenus soit parce qu'ils ont été assignés un « beat » particulier pendant leur carrière, soit parce qu'ils ont suivi une formation scolaire dans un champ d'expertise.

Un journaliste spécialisé en droit, en finance ou en environnement aura développé une véritable culture sur le sujet et même une expertise. Un spécialiste des questions municipales pourrait, après avoir été en poste depuis trois ans, avoir établi un réseau de contacts lui permettant d'analyser les positions et les versions des acteurs.

L'enquêteur

Le journaliste d'enquête a le loisir d'approfondir les soubresauts de la nouvelle. Fort de sa grande expérience dans le métier, il s'immisce entièrement, à la manière d'un enquêteur policier, dans un enjeu qui cache certaines vérités, scrute le fond des choses et souvent révèle des faits méconnus, parfois dramatiques qui mènent tantôt à un aveu, tantôt à une autre enquête par une instance gouvernementale. Le résultat de ses recherches poussées se transforme en articles de fond dans un périodique, dans un cahier de fin semaine d'un quotidien ou dans une émission de reportages d'enquête à la télévision comme *Enquête* et *Une heure sur terre* à Radio-Canada, *The Fifth Estate* et *MarketPlace* à la CBC, *W5* au réseau CTV et *La vie en vert* à Télé-Québec.

Le quotidien accordera plusieurs pages au récit, parfois échelonnées sur plusieurs jours. Le périodique consacrera plusieurs pages également, photos à l'appui.

Le correspondant à l'étranger

Un correspondant à l'étranger pour un média canadien est généralement un journaliste de grande expérience qui a fait ses preuves et qui jouit d'une grande crédibilité de la part de son auditoire. Assigné à une région du monde, le Moyen-Orient par exemple, on lui demande de synthétiser rapidement une nouvelle sur un enjeu d'un pays susceptible d'intéresser le public canadien de son média d'attache, en parcourant le fil de presse et en analysant des reportages antérieurs pour transmettre un fait ou un point de vue.

Le suiveur

Vous remarquerez dans les points de presse que ce sont les reporters qui posent les vraies questions, la plupart du temps. Que font les autres et qui sont-ils ? Ils travaillent pour des médias secondaires, comme un poste de radio local, une télévision communautaire, un journal de quartier. Ils n'ont pas de rédacteur pour les guider. On leur demande d'être à la remorque des vraies journalistes et de pondre une nouvelle rapidement en fonction des renseignements obtenus par les moyens du bord.

6.4.7 LE CHRONIQUEUR

Le chroniqueur gagne sa vie en exprimant des opinions. Quelle belle profession! Il met en perspective une lecture personnelle de l'actualité et des questions qu'il choisit de traiter selon un angle particulier. Il tient des propos controversés, ce qui fait souvent réagir les leaders d'opinion dans l'entreprise, les gouvernements et les groupes d'intérêt. À partir d'une analyse d'un enjeu, le chroniqueur cherche la nouvelle qui se cache derrière la nouvelle. La force du chroniqueur repose sur l'accès privilégié à des personnes exerçant des postes importants, en politique, dans la haute administration gouvernementale et la grande entreprise.

Le chroniqueur vise souvent à dessiner les points de vue du monde ordinaire. Il offre des opinions et s'aventure à prédire la suite des événements, souvent en s'acharnant sur des personnages publics qu'il n'aime pas. Mais il agit en tant que leader d'opinion sur la place publique. Sa fonction est de livrer un jugement sur une situation donnée qui est bien argumentée et qui correspond aux convictions et à la sensibilité générale d'un segment précis de l'auditoire visé.

Dans les analyses médiatiques, on donnera un poids relatif à l'appui des chroniqueurs qui ont suivi le dossier en question.

Les grands quotidiens comptent chacun plusieurs chroniqueurs qui touchent à tout: l'actualité politique ou mondiale, les arts, le sport, la société, le mode de vie, l'économie, la scène internationale. *La Presse* compte 30 chroniqueurs, le *Journal de Montréal* en a 80, *Le Devoir*, 35 et le *Globe and Mail* en compte 14. Certains se permettent de commenter tout ce qui fait l'actualité tandis que d'autres se limitent à un champ d'intérêt. Un grand nombre des chroniqueurs sont pigistes.

La radio a également ses chroniqueurs, comme François Brousseau en affaires internationales pour la radio de Radio-Canada.

Les médias font également appel à des commentateurs et à des analystes qui sont des gens indépendants du média, comme des professeurs universitaires et des présidents de regroupements et d'ordres professionnels. Ils sont invités à titre de spécialistes dans un domaine particulier, comme le droit pour commenter la débâcle parlementaire de novembre 2008, l'économie et la crise boursière de 2008, l'histoire, le 400e anniversaire de la ville de Québec et les questions d'éthique comme l'accès à des traitements de fertilité pour les femmes de 60 ans.

Rex Murphy, le sage du *National* à la télévision de la CBC, joue un rôle semblable lors de son commentaire hebdomadaire et souvent mordant sur des questions d'actualité.

L'exemple suivant illustre le pouvoir des chroniqueurs de s'improviser expert en tout et en rien, prétextant, avec raison parfois, de représenter les sentiments des lecteurs, au risque de se contredire de temps en temps[1].

LE « CRIME » DE GUY LAFLEUR

En huit jours, du lundi 4 mai au lundi 11 mai 2009, trois chroniqueurs et l'éditorialiste en chef de *La Presse* se sont faits juge et jury, ayant signé six chroniques, après que la cour eut trouvé cette ancienne étoile de hockey coupable de témoignages contradictoires alors qu'il devait veiller au couvre-feu de son fils Mark chez lui, pour l'aider à sortir de prison. Il avait été incarcéré en 2007 pour divers crimes. *Le Devoir* s'est contenté d'un seul reportage, le lendemain du jugement. Voici ce qu'ils ont dit :

- D'abord, Yves Boisvert se lamente que la défense de Guy Lafleur « s'y est mal prise pour sauver la mise ». Il trouve le résultat injuste « dans le grand ordre cosmique des choses » car le jugement est tombé sur un homme aimable et sympathique. Quelques jours plus tard, il avoue que le hockeyeur et père de famille a « clairement induit la cour en erreur dans son témoignage » malgré les intentions du père et que « cette guimauve de bons sentiments l'a mené tout droit dans la cour judiciaire ».

- Le chroniqueur sportif Réjean Tremblay s'en prend d'abord au système de justice, croyant que Lafleur « paye pour avoir eu le courage d'essayer de contribuer » à sauver son fils. « Quand vous voyez tout le fumier qui sort des écuries judiciaires, vous appelez ça de la justice ? », conclut-il. Puis, il se désole du fait que son crime pourrait lui arracher l'Ordre du Canada, du Temple de la renommée du hockey et de l'Ordre national du Québec, et il devra se contenter du privilège de conserver « l'Ordre du peuple ».

- Lysiane Gagnon vient également à la défense de Lafleur, trouvant le traitement qu'il a subi « odieux » et la complicité paternelle « parfaitement normale, en tout cas bien compréhensible ». Elle s'en prend au « zèle indu de la police… qui a passé des heures à monter une preuve à coup de factures d'hôtel, et qui a lancé contre lui un mandat d'arrêt comme si Lafleur était un gangster sur le point de prendre la poudre d'escampette ».

- Enfin, André Pratte se réjouit de l'annonce du premier ministre du Québec de ne pas vouloir retirer à Guy Lafleur l'Ordre national du Québec. Selon lui, « il demeure un grand athlète, un homme aimable et généreux qui mérite aujourd'hui autant qu'hier les nombreux honneurs qui lui ont été conférés ».

---

1.   Tiré des chroniques d'Yves Boisvert les 4 et 8 mai 2009, de Réjean Tremblay les 5 et 9 mai, de Lysiane Gagnon le 7 mai et de l'éditorial d'André Pratte le 11 mai, tous publiés dans *La Presse*.

6.4.8 L'ÉQUIPE TECHNIQUE

L'appui technique est une part essentielle de la production des médias. Les infographistes que l'on retrouve dans les quotidiens sont responsables du montage et de la mise en page du journal. À la radio, les techniciens du son assurent la qualité de la transmission et, à la télévision, ce sont le caméraman et les responsables du son qui encadrent le topo du journaliste.

6.4.9 LE PIGISTE

Les pigistes sont des journalistes autonomes qui produisent des reportages en des domaines de leur spécialité et qui se chargent de les vendre à des magazines ou à des quotidiens. Certains pigistes ont des spécialités très particulières et rares, ce qui leur permet de trouver preneur sans trop de difficulté. Ils soignent leur crédibilité et leurs sources. Mais ce n'est toujours pas le cas. Ainsi, lorsqu'ils couvrent l'actualité sur un territoire donné, les pigistes ont tendance, plus que les journalistes permanents, à chercher les sujets qui attirent particulièrement l'attention. La revue *Sélection du Reader's Digest*, par exemple, compte beaucoup sur les pigistes.

6.4.10 LE JOURNALISTE À SENSATION

Le journaliste à sensation travaille généralement pour un tabloïd, une émission de radio ou de télévision à sensation. Il ne cherche que des occasions embarrassantes et le côté émotif de la nouvelle. Malheureusement, ses sources et les citations qu'il construit dans la nouvelle demeurent souvent anonymes. Il rédige sa nouvelle dans un style regorgeant d'expressions outrées.

6.4.11 LE JOURNALISTE COMMUNAUTAIRE

Comme il n'a pas les moyens des quotidiens et des réseaux des médias électroniques, le journaliste communautaire représente le journal local, le poste de télévision régional ou une station de radio locale rattachée à un réseau. Le journal peut être un quotidien ou un hebdomadaire. Les nouvelles que couvre le journaliste communautaire doivent avoir un intérêt local ou régional. Son travail demande autant de rigueur que celui du journaliste des grands quotidiens ou des grands réseaux.

Dans les points de presse, les représentants des médias secondaires, comme un petit poste de radio local, une télévision communautaire ou un journal de quartier, ont tendance à être discrets et à adopter la ligne majoritaire.

CHAPITRE 7

Une nouvelle, c'est quoi ?
Le point de vue des médias

7.1 OBJECTIF

Pour les relationnistes, la nouvelle est au cœur des rapports avec les médias d'information. C'est par là que le contact avec le public se fait. Tantôt la relation est lancée par les journalistes qui sont intéressés par un sujet ou un événement ; tantôt, c'est l'organisation qui cherche à tirer profit d'une possibilité de nouvelles pour faire connaître une innovation ou pour transmettre un point de vue. Dans ce chapitre, nous organisons les éléments présentés plus tôt afin de répondre à la question : qu'est-ce qu'une nouvelle ?

7.2 LE PRODUIT MARKETING DE LA NOUVELLE

La définition-synthèse de la nouvelle pourrait se présenter comme suit : c'est un récit d'actualité qui comporte des informations et des faits contrôlés. Ce récit se construit à partir de faits spontanés ou vécus par une multitude de publics dans un milieu bien défini. C'est un écho, une sorte de réflexivité sur le quotidien. C'est aussi une radiographie de la scène sociale, politique, économique, culturelle, aux niveaux communautaire, national et international.

Une nouvelle est un produit. C'est surtout une composante d'un produit plus élaboré. Elle doit attirer et susciter l'intérêt. Mais c'est en fonction de l'ensemble répété des choix de contenus que le consommateur décidera à son tour de lire ou non, d'écouter ou non et, à la longue, d'être fidèle ou non au média qui rassemble l'offre ou au journaliste qui signe les récits.

Évidemment, le média sautera sur les événements-chocs, un incontournable pour la une du bulletin de nouvelles ou du journal. Entre les tragédies et les scandales, il cherchera la bête noire de son milieu de vie, question de sensibiliser son public ou, pour être cynique, de créer une sensation forte. Car, toute nouvelle a un prix et peut faire basculer les tirages et les cotes d'écoute. Mais aucune rédaction ne saurait tabler uniquement sur cette seule stratégie.

La formule de présentation journalistique est quand même prévisible. Un événement international, comme l'assassinat de l'ancienne première ministre du Pakistan, Benazir Buttho, en décembre 2007, suivra les séquences suivantes au bulletin de nouvelles télévisées : un clip de l'assassinat, la réaction du président américain en une phrase suivie de la réaction du premier ministre canadien en deux mots, les circonstances de l'assassinat en montrant des images de foules en délire dans plusieurs villes du Pakistan, le dernier mot allant aux réactions d'immigrants pakistanais au Canada. La même formule sera répétée pour toute autre tragédie sur la planète.

7.3 LES CRITÈRES DE SÉLECTION

Une histoire renferme de l'information. L'information doit être nouvelle, mais doit répondre à des besoins pertinents des lecteurs, des auditeurs ou des spectateurs du média en question.

L'affectateur, le rédacteur et le réalisateur font leur tri à partir de critères qui servent à déterminer la valeur et la place de la nouvelle. L'addition des critères servira comme principe de base : plus une offre présente un ensemble de caractéristiques parmi celles qui suivent, plus elle aura de chance de traverser avec succès le cycle de sélection et de production des nouvelles. Voici les critères.

La nouveauté, un sujet de l'heure

La nouvelle doit être fraîche, c'est-à-dire qu'elle vient de se produire. Ou bien elle doit représenter un nouvel élément dans une nouvelle parue précédemment, comme un aveu, une révélation, une étude, un nouvel événement ou une opinion pas encore exprimée sur un enjeu.

La nouvelle est-elle d'actualité ou touche-t-elle à une corde sensible de la population ? Votre réaction au budget annuel de la Ville sera d'actualité le jour de son dépôt et le jour suivant. Le sujet sera banalisé les jours suivants. L'arrivée de l'étoile de la Ligue nationale de hockey dans sa ville natale après les séries éliminatoires attirera une meute de journalistes ce jour-là, ce qui ne sera pas le cas s'il se présente pendant la saison habituelle.

La pertinence et le besoin de savoir

La nouvelle prendra une importance relativement plus grande si les conséquences paraissent considérables : un grand nombre de personnes directement touchées, des ressources considérables, des dommages graves. La tempête de verglas en Ontario et au Québec en 1998 en est l'exemple extrême. Un pont en construction s'écroule dans le sud de l'Ontario sans occasionner de blessures parmi les travailleurs : voilà une manchette qui en intéressera plusieurs, compte tenu de la gravité des problèmes d'infrastructure qui se pointent d'un bout à l'autre du Canada.

Est-ce que la nouvelle intéressera le lecteur, l'auditeur, le téléspectateur ? Est-ce qu'elle pourrait influencer le quotidien des citoyens qui lisent le journal, qui écoutent la radio, qui regardent la télévision ou qui surfent sur Internet ? Est-ce que ses clientèles seraient touchées par la nouvelle ? Le moindre agissement de la société Cascades sise à Kingsey Falls au Québec fera toujours l'objet d'une nouvelle dans son milieu. Ce ne sera pas le cas avec Power Corporation à Montréal qui doit partager l'espace du journal avec des centaines d'autres entreprises de la métropole.

La pertinence vise des besoins pratiques. Le public réagit à une nouvelle en réclamant des informations pertinentes concernant l'entreprise ou les individus touchés afin qu'il puisse prendre position sur la question. Par exemple, pour pouvoir voter sur une question ou pour une personne, pour juger de la pertinence de continuer d'acheter un produit ou de le boycotter s'il n'est pas retiré des tablettes.

Le public sceptique voudra savoir quand et pourquoi l'ancien premier ministre Mulroney aurait supposément empoché 225 billets de 1 000 dollars en pot de vin d'un investisseur d'origine allemande.

Le média cherche également à répondre à la simple curiosité de son auditoire qui veut des renseignements personnels et inédits sur les vedettes, les personnes politiques. Des choses mondaines tout simplement. Comment et avec qui Céline Dion a-t-elle fêté la fin de son dernier spectacle à Las Vegas ?

Les dimensions humaine et locale

Peu importe les dimensions géographiques de la nouvelle, ce sont d'abord les dimensions humaines et locales qui attireront l'intérêt des lecteurs, des auditeurs et des téléspectateurs.

L'interlocuteur qui fait la nouvelle doit cibler l'auditoire directement en manifestant beaucoup d'empathie. S'il s'agit d'une tragédie, il mentionnera le nom de la victime, de sa famille ou de ses proches. Il transmettra des condo-léances pour la collectivité en la nommant, par exemple. Dans un deuxième temps, il peut évoquer la nature régionale ou nationale de l'incident. L'objectif premier est de rassurer ses publics.

Très souvent, le journaliste tentera, par une série de questions, de soutirer d'un autre interlocuteur un message accusateur et réprobateur en faisant appel à des émotions vives, voire viscérales. Le journaliste de la télévision aura déjà orchestré avec son caméraman de gros plans sur le visage de l'interlocuteur en état d'incompréhension, suivi de scènes dramatiques sur les lieux de l'inci-dent.

La notoriété

La notoriété de certains acteurs concernés peut conférer beaucoup d'intérêt à une visite, à une déclaration ou à une annonce de décision. Que Guy Laliberté, fondateur du Cirque du Soleil, dise publiquement que le bénévolat est essen-tiel au développement d'une société fera vraisemblablement l'objet d'une nouvelle. Que votre voisin le déclare est tout à fait banal. Que le premier ministre du Canada exprime son inquiétude face à l'état de l'économie est intéressant du point de vue journalistique parce que c'est le chef de l'État qui parle, même s'il n'est pas dit qu'il en sache tellement plus qu'un administrateur financier.

La notoriété ne permet pas de tout dire, de tout faire, et surtout pas d'en abuser. Mais cela donne souvent un bon coup de pouce. C'est pour cette raison que le monde caritatif fait appel à des personnalités. Le média cherche à répondre à la curiosité de son auditoire qui veut des renseignements personnels et inédits sur les vedettes, les personnes politiques, les sportifs profession-nels.

La notoriété peut toutefois être très préjudiciable à certains individus, soit parce qu'ils ont un rapport difficile avec les médias, comme Brigitte Bardot, par exemple. Ou bien, parce qu'ils ont acquis leur notoriété dans des circons-tances particulières ou difficiles, comme la famille Lavigueur ou la chanteuse Amy Whinehouse.

La rareté, l'inattendu, la contradiction

Un événement inattendu ou des propos contradictoires liés à un événement sont deux critères qui font l'objet d'une nouvelle. Le chauffeur de la ministre des Transports du Québec qui fait de l'excès de vitesse, ayant été suivi par un journaliste ou les images du château de Pauline Marois à l'île Bizard en sont des exemples. De telles embardées sont vite évacuées dans l'opinion publique.

Le divertissement

L'aspect incongru de la condition humaine a le tour d'intéresser le grand public. Tout ce qui stimule la curiosité comme le plus gros avion à réaction au monde qui se pose à votre aéroport, tout ce qui excite les passions comme une remarque qui frôle le racisme et tout ce qui colore le milieu, comme le retour d'une star de la scène musicale internationale chez elle, peut faire couler beaucoup d'encre. Évoquons les obsèques du ténor Luciano Pavarotti dans sa ville natale à Modène en Italie en septembre 2007.

La négativité

Règle générale, nous avons tous observé, et commenté combien de fois entre collègues, parents et amis, que la mauvaise nouvelle a toujours préséance, dans notre quartier comme ailleurs dans le monde.

L'observation est facile à faire à la télévision. Prenons le bulletin de nouvelles de 22 h avec Céline Galipeau les soirs de la semaine. Sur une moyenne de dix éléments commentés en 30 minutes, nous pouvons compter six nouvelles qui traitent de tragédie ou de controverse politique ou autre, trois nouvelles qui sont neutres, c'est-à-dire que l'on rapporte les événements sans commentaires négatifs, et une bonne nouvelle, soit une annonce positive qui touche un ensemble de citoyens, soit une réussite, une découverte ou un événement divertissant. Le traitement d'une grande nouvelle internationale, comme le G20 à Londres en avril 2009, porte moins sur le contenu de la conférence que sur les frivolités qui l'entourent, comme les manifestations, les coûts exorbitants des mesures de sécurité et les bévues protocolaires des chefs d'État et de leur conjointe.

La complexité

Certaines nouvelles posent de réels défis aux journalistes. Comment traiter d'un sujet complexe et le transmettre sans embourber le consommateur ? Tout l'appareil gouvernemental, par exemple, est d'une complexité à s'y perdre. Le bureau du vérificateur général dépose son rapport de 1 000 pages au Parlement ou à l'Assemblée nationale et révèle des manœuvres comptables suspectes. Le ministère de la Santé et des Services sociaux fait un bilan annuel des salles d'urgence et, dix ans plus tard, c'est la même rengaine, on ne comprend plus pourquoi la situation ne s'améliore pas après avoir investi des millions de dollars pour désengorger le système. Même chose pour la réforme scolaire. Le citoyen qui a des enfants à l'école a son opinion et comprend mal pourquoi les gouvernements et les ordres professionnels sont à couteaux tirés sur cette question. Pourtant, le consommateur veut se faire une idée et le journaliste sérieux tâchera de vulgariser l'enjeu.

Les grandes questions d'éthique ne sont pas faciles à traiter. Comment s'y prendre pour expliquer les expériences scientifiques utilisant des cellules souches embryonnaires ? Le relationniste devra investir dans l'éducation des journalistes, en leur « prêtant » des spécialistes lors d'une réunion d'information durant laquelle les experts feront l'abc de la science et des enjeux touchant les cellules souches.

La controverse

Rappelez-vous la controverse suscitée par une remarque d'un chef de parti politique sur les accommodements raisonnables au début de 2007, des réactions du conseil du village de Hérouxville. Cet incident, qui a contribué à déclencher une commission d'enquête, a fait parler les journalistes et une panoplie d'acteurs de tous les milieux et de tous les pays pendant toutes les semaines de l'an 2007 !

Un communicateur qui a du flair est capable d'éviter un dérapage sur un enjeu épineux et délicat, comme la langue au Québec, surtout si les signes avant-coureurs sont présents. Prenons le cas de l'Office québécois de la langue française (OQLF), responsable de gérer le dossier linguistique au gouvernement du Québec, qui a rendu public son rapport 2002-2007 en pleine controverse, en mars 2008 après plusieurs mois de délais. L'automne précédent, au moment où l'OQLF avait reporté le dépôt du rapport, tous les signes potentiels d'un dérapage étaient étalés au grand jour et l'OQLF avait plusieurs mois pour s'en sortir le jour du dépôt officiel. Ça n'a pas été le cas. Au lieu de contourner la crise, l'OQLF a choisi de l'envenimer.

L'OQLF convoque les médias en conférence de presse, leur remet plus de 1 700 pages de chiffres et de faits sur-le-champ et sa présidente refuse de répondre aux questions les plus élémentaires posées par les journalistes : Comment se porte le français au Québec ? Est-il en déclin ? La présidente refuse d'émettre avis, opinions, interprétations et conclusions. Les données portaient sur le recensement de 2001 alors que, la veille, Statistique Canada révélait les données pour 2006 !

L'OQLF a eu droit à des railleries de la part des médias et de ses alliés naturels, tels le Conseil supérieur de la langue française et presque tous les membres du comité d'experts indépendants, chargés d'analyser les résultats pour l'OQLF. Le battage médiatique lui vaut des accusations d'incompétence, de muselage des experts, de culture du secret, de diffusion chaotique des résultats, de bilan quinquennal incomplet et de questionnement sur la pertinence de son mandat.

Le public dans tout ça ? L'OQLF ne lui donne pas l'heure juste. Pour se faire une idée sur l'état du français au Québec, il doit attendre que les journalistes et les experts dépouillent les chiffres et tirent des conclusions. Pendant ce temps, il n'a en tête que la controverse, à peu près rien sur le contenu et sur la façon d'améliorer la situation.

Cet épisode pourrait bien s'inscrire parmi les classiques des études de cas en communication.

7.4 LE CYCLE DE PRODUCTION

Le journaliste est assujetti à un cycle de production qui dépend de l'importance de la nouvelle. Par exemple, il donne priorité à la nouvelle du jour, celle qui vient de se produire ou celle qui est au calendrier ce jour-là. D'autres journalistes, ceux qui se spécialisent dans les enquêtes ou le journaliste de la ville moyenne qui travaille avec un ou deux collègues, travailleront une nouvelle selon un échéancier plus flexible. Par exemple, ceux-là prépareront un reportage pour marquer un anniversaire important comme le décès d'un personnage marquant, la tragédie dans une mine d'amiante, le 25e anniversaire de l'entrée en vigueur de la Charte de la langue française. Les nouvelles d'intérêt humain, comme un ancien athlète olympique qui se distingue par son action bénévole auprès des jeunes défavorisés de son milieu ou la mère de famille qui se remet du deuil de son garçon mort au combat en Afghanistan un an plus tôt, sont des nouvelles de second rang que mijote le journaliste et qui prendront place au bulletin de nouvelles ou dans le journal lorsqu'il y aura de la place.

7.5 DE L'UTILITÉ À COMPRENDRE ET À ANTICIPER

Les médias cherchent à présenter moins les multiples facettes d'une nouvelle le jour qu'elle se présente que les aspects qui intéresseront l'auditoire. C'est ce que les affectateurs et les journalistes visent : ce qu'ils comprennent de l'intérêt immédiat de l'auditoire. Les autres éléments seront présentés dans des reportages subséquents si la nouvelle mérite d'être tenue vivante. Qui décidera du prolongement de la nouvelle ? Plusieurs acteurs, dont le public, le rédacteur en chef et le journaliste qui sauront anticiper des intervenants capables d'offrir des manchettes susceptibles d'attiser le lecteur, l'auditeur ou le téléspectateur.

Prenons l'exemple des excuses présentées par le cardinal Ouellet sous forme de lettre dans *La Presse* en novembre 2007, au sujet des torts commis par l'Église catholique avant les années 1960 au Québec. Lors de la parution de la lettre, le prélat de Québec se trouvait lui-même à Rome, loin des médias canadiens. Les réactions ont été immédiates de toutes parts et sur toutes les tribunes au Québec essentiellement. Sa propre assemblée des évêques s'est dissociée rapidement de ses propos, clamant haut et fort quel le cardinal parlait en son nom et non au nom du clergé. Les journalistes, les chroniqueurs et les animateurs de tribunes radiophoniques ont sauté sur ses propos, les déchiquetant de part et d'autre, attisant les réactions de tous les publics imaginables, pendant deux semaines. Pendant ce temps, le cardinal est demeuré muet jusqu'à son retour au pays la semaine suivante. Ses propos ont fait l'objet d'un seul reportage important au Canada anglais, dans le périodique *Maclean's*, seulement deux semaines plus tard. La déclaration du cardinal, bien qu'elle était inattendue, s'est produite à un moment névralgique au Québec alors que se déroulait le grand débat sur les accommodements raisonnables et à la veille de l'entrée en vigueur du nouveau cours d'éthique qui a remplacé les cours de religion dans les écoles en janvier 2008.

La capacité d'anticiper le déroulement de la nouvelle pour lui donner vie et de répondre aux attentes de l'auditoire est une qualité notable pour un journaliste. Dans la primeur, le journaliste répond aux questions de l'heure : qui a fait quoi, comment, où, qui a été touché directement et quelles ont été les réactions immédiates des acteurs principaux ? Le lendemain, il doit anticiper des questions de fond, celles que se pose également l'auditoire : pourquoi l'événement s'est-il produit, quels ont été les motifs du coupable, quels sont les antécédents de cette personne et que disent ses voisins, ses collègues, ses adversaires et quelles sont les conséquences à long terme ?

7.6 DES CONTRAINTES ORGANISATIONNELLES ET COMMERCIALES

Les journalistes doivent surmonter plusieurs difficultés afin de produire des reportages équilibrés. L'accès à l'information et les bonnes sources d'information en sont deux importants. Ils ont également des contraintes de temps et des heures de tombée à respecter. Les renseignements recueillis doivent faire l'objet de vérification et, ce faisant, ils doivent résister à la manipulation de l'information par les rédacteurs, par exemple. Pour tous les types de médias, les limites d'espace, de format et de temps d'antenne et les changements de priorité dans les nouvelles sont des facteurs incontournables. Enfin, la difficulté de faire abstraction de leurs préjugés personnels pèse souvent sur la conscience du journaliste autant que sur celle de son rédacteur et de son propriétaire.

Dans les grandes villes où deux ou trois grands quotidiens se font la lutte, c'est la guerre aux manchettes et à la présentation visuelle, toutes deux susceptibles d'attirer le passant sur la rue et le fidèle abonné. Ils s'épient quotidiennement, suivent les exclusivités des uns pour prendre la relève le jour suivant. Ainsi, les journalistes sont envoyés à la chasse aux sorcières par leurs affecteurs dans le seul but, parfois ou souvent, de gagner la manchette du lendemain. Entretemps, les réalisateurs d'émissions de tribune téléphonique à la radio portent le choix de la tribune du jour sur ces manchettes, cherchant à attiser le feu, voire à perpétuer un événement que seul le public décidera de la pertinence. Le reporteur, contraint de ne pouvoir approfondir la nouvelle, se voit assujetti aux caprices de ses patrons.

Les contraintes d'ordre commercial ont eu un effet plus dramatique sur les journalistes depuis le tournant du siècle présent, à la suite des nombreuses transactions qui ont mené à la chute de vieux empires et à la naissance de nouveaux conglomérats de communications. L'exemple suivant illustre le nouveau sort des petits quotidiens.

On doit feuilleter aujourd'hui le premier quotidien de l'entreprise du baron de la presse Roy Thomson à Timmins en Ontario en 1934, le *Daily Press*, pour constater que le contenu local se limite à quelques pages depuis qu'Osprey Media (acheté par Quebecor en 2007) impose, à la suite de son acquisition en 2001, un contenu national et international hétéroclite et des faits divers, fournis par deux agences de nouvelles, la Presse canadienne et l'Associated Press. Le contenu typique du quotidien en 2007[1] renfermait seulement 28 % de nouvelles

---

1. Analyse portant sur le contenu du *Timmins Daily Press*, du lundi au vendredi pendant la semaine du 18 au 21 octobre 2007.

produites localement, 30 % par la Presse canadienne et 26 % par l'Associated Press, et le tiers des photos étaient d'origine locale ; en 2009[2], les proportions non locales avaient changé pour favoriser l'agence Sun Media qui regroupe tous les journaux d'Osprey Media, maintenant 37 % de l'ensemble des nouvelles contre seulement 8 % pour la Presse canadienne, et 46 % des photos étaient d'origine locale. Fait remarquable, dans cette période de 18 mois, le nombre d'articles avait diminué de 23 % et le nombre de photos de 13 %.

Est-ce que le public décèle une tendance aux nouvelles à rabais ? Qu'est-ce qui pourrait écoper de cette tendance ? La démocratie, car moins de journalistes surveilleront la scène municipale, les agissements du corps policier, de la commission scolaire et de l'industrie. Et l'ardeur du journaliste dans un contexte où les gouvernements ferment ou rendent plus difficile l'accès à l'information et refoulent à des niveaux jamais vus la culture du secret. Le rôle de chien de garde et celui de gardiens de l'objectivité pourraient bien être affaiblis. Enfin, les mises à pied, conséquence de la concentration des empires médiatiques, laissent moins de temps aux journalistes pour approfondir la nouvelle et les forcent à effleurer une nouvelle un jour puis à passer à une autre nouvelle le lendemain.

L'efficience et la rentabilité valent également pour cette industrie. La même formule est imposée à tous les quotidiens de ce réseau, grâce en bonne partie à la numérisation des textes, un langage universel facilement adaptable aux divers formats. On observera aussi que deux ou trois journalistes signent la majorité des articles locaux des séances de conseils municipaux et de l'actualité commerciale et sociale, par exemple. La formule a mené à l'émergence des multiplateformes, pressant le journaliste traditionnel à se faire également photographe. Ce mélange des genres a des répercussions sur la formation, la répartition des tâches, le contrôle de la qualité et la diversité des sources d'information.

7.7 DES CONTRAINTES CONCURRENTIELLES ET DES MISES À PIED

Les contraintes organisationnelles se répercutent partout au Canada depuis l'avènement de la concentration et de la propriété mixte des médias sous si peu d'empires désormais. Les contraintes économiques n'ont pas fait que des heureux en matière de rentabilité, les propriétaires de médias préférant réduire

---

2.   Une deuxième analyse portait sur le contenu du *Timmins Daily Press* du lundi au vendredi la semaine du 28 avril au 1er mai 2009.

les coûts au lieu d'augmenter leurs investissements dans les services de communication en raison des frais élevés occasionnés par les fusions d'entreprises. Par conséquent, les contraintes commerciales ont mené à des réductions de postes dans les salles de rédaction, concentrant la prise de décision et le choix du contenu autre que local aux instances centrales afin d'optimiser les profits.

La presse électronique fait également des malheureux dans les salles de rédaction. En octobre 2007, Canwest Global a mis à pied 50 employés, tous relevant de la station de télévision de langue anglaise Global à Québec. Les bureaux de Sainte-Foy et de Sherbrooke ont été fermés. La salle de diffusion à Montréal a été fermée au printemps de 2008. Aujourd'hui, le contenu qui était produit sur place dans chacune des salles de diffusion est diffusé depuis quatre nouveaux centres, notamment Vancouver, Toronto, Calgary et Edmonton. Global avait lancé ses activités à Québec en 1996 en acquérant l'ancienne station anglophone CKMI qui appartenait à TVA.

LE CAS TQS

TQS s'est donné une cure d'amaigrissement aussi en novembre 2007 en abolissant 40 postes à Montréal, à Québec et dans ses stations régionales de Sherbrooke, Trois-Rivières et Saguenay, dont trois postes et demi de journalistes. Cogeco qui détient 60 % des actions de TQS et son autre propriétaire CTVglobemedia ont en même temps annoncé leur intention de se pencher sur l'avenir de leur réseau de télévision déficitaire. L'annonce de TQS est survenue quelques semaines après que Radio-Canada eut annoncé son intention de se désaffilier des trois stations régionales de TQS. En décembre 2007, cette chaîne s'est mise sous la protection de la Loi sur les arrangements avec les créanciers pour éviter la faillite. La cure d'amaigrissement a fait plusieurs autres victimes depuis la vente de TQS en mars 2008 à la société Remstar, marqué quelques semaines plus tard par des congédiements d'employés cadres et la suppression totale du service de nouvelles, soit le licenciement de 270 journalistes recherchistes, monteurs et caméramens… et tout le service des communications ! Pourquoi sacrifier les nouvelles ? Selon le futur acquéreur de TQS, « les bulletins de nouvelles coûtent une fortune et sont impossibles à rentabiliser ». Depuis août 2009, TQS a changé sa signature à « V ».

Le réseau d'État n'y échappe pas. En mars 2009, la Société Radio-Canada et la CBC ont annoncé 800 licenciements, dont des réductions de 85 postes dans la couverture des nouvelles, tant à la radio qu'à la télévision, tant en région qu'au sein des réseaux nationaux francophone et anglophone.

Des malheureux également parmi les employés qui soutiennent les lecteurs et les auditeurs, par exemple. La société Canwest a consolidé ses activités en centralisant les services communs à Winnipeg où se trouve son siège social et a dû vendre deux stations de télévision en juin 2009 à cause de son lourd endettement. Près de 50 employés du service à la clientèle du journal *The Gazette* ont appris en avril 2008 que leurs postes seraient transférés à Winnipeg, là où ont déjà convergé presque tous les services à la clientèle du groupe Canwest. Puis, en novembre 2008[3], la société a annoncé des diminutions de postes partout, soit 5 % de son effectif, ou 560 postes. De ce nombre, 210 postes seront retranchés du réseau de télévision E! et 350 de ses hebdomadaires et du *National Post*. CTVglobemedia a confirmé elle aussi l'élimination de 105 postes à ses installations de Toronto, à la fin de novembre 2008[4], puis son grand quotidien, le *Globe and Mail*, des retraites anticipées à près de 90 employés, une annonce faite en janvier 2009[5]. Enfin, en février et mars 2009, CTV a annoncé l'abandon ou la vente de trois de ses six postes de télévision de la chaîne «A», à Wingham et Windsor en Ontario et à Brandon au Manitoba, et une restructuration de ses stations à Barrie, London, Ottawa et Victoria, licenciant 118 employés.

Toutefois, la publicité demeure le leitmotiv des éditeurs. Elle figure partout, au bas de la page couverture et dans des coins obscurs des pages intérieures, en design optionnel de toutes formes. Cependant, les quotidiens ne cessent de compter les pertes de revenus publicitaires à coût de millions. La société Torstar, qui possède le *Toronto Star* et d'autres quotidiens ontariens, a mis à pied 160 travailleurs en avril 2008 dans l'espoir d'économiser 12 millions de dollars par an et de limiter les dégâts causés par la diminution des revenus publicitaires. Enfin, le *Chronicle Herald* de Halifax a réduit sa salle de nouvelles du quart en février 2009, abolissant 23 postes, en raison de la baisse des revenus publicitaires[6].

En général, les stations de radio tirent leur épingle du jeu en matière de revenus publicitaires. Corus Québec et CHUM Radio y font exception. En février 2009, la société Corus a supprimé 26 postes à une station de radio de Montréal, un cadre attribuant ces mises à pied à «Internet qui concurrence

---

3. Communiqué de presse de Canwest diffusé le 12 novembre 2008 de Winnipeg.
4. Nouvelle confirmée par Bonnie Brownlee, porte-parole de la société, le 27 novembre 2008.
5. Déclaration faite par l'éditeur en chef de la direction du journal, Phillip Crawley, le 9 janvier 2009.
6. Nouvelles annoncées par le vice-président du quotidien, Sarah Dennis, le 3 février 2009.

plus que jamais le créneau d'information d'Info90[7] ». CHUM Radio a supprimé 40 postes dans neuf de ses stations dans cinq provinces, invoquant le « déclin des recettes publicitaires entraîné par le climat économique actuel[8] ». Une publicité radio coûte beaucoup moins cher qu'une pleine page dans un journal ou 30 secondes à la télévision et elle est plus flexible lorsqu'un client veut réagir rapidement. Une nouvelle publicité en ondes peut être effectuée en quelques heures.

Le cas de Pasedena Now, un site d'information de cette ville de la Californie lancé en 2004, porte la réflexion de l'avenir des imprimés à un autre niveau. Afin de réduire les coûts de production du journal, surtout les coûts d'embauche de journalistes, en 2007 le propriétaire a fait appel à des pigistes sous-traitants en Inde. La tâche de ces rédacteurs était de suivre les séances du conseil muni-cipal sur le site Web de la ville de Pasedena et de produire un compte rendu pour le journal du lendemain. Comme ces réunions ont lieu le soir, les éditeurs profitent du décalage horaire pour produire la nouvelle et l'insérer dans le quotidien du lendemain qui, dans le cas des petites villes, est distribué plus tard dans la journée. Aujourd'hui, le contenu de ce journal est rédigé entière-ment en Inde ! Le quotidien de Belleville en Ontario, *Le Belleville Intelligencer*, en a fait l'expérience également. Une autre façon de réduire les dépenses, vous dites ? Faut-il plutôt parler d'un processus de désinformation, d'absence de distance critique en renforçant un processus d'acculturation et d'assimilation en invoquant les progrès supposés de la mondialisation ? Serait-il plutôt préfé-rable de parler de déviation d'usage de la technologie ?

7.8 LA CONTRAINTE DU CHOIX PERSONNEL

Avec la diffusion numérique, le consommateur n'est plus tenu d'acheter le contenu complet du quotidien ou du périodique et du téléjournal. En effet, l'offre du journal du matin et ses quatre cahiers parsemés de publicité et les nouvelles télédiffusées de 30 minutes interrompues par les messages publicitaires forment un tout, un produit complet dont le contenu est à prendre ou à laisser. La diffusion en ligne impose de nouvelles contraintes pour les médias tradi-tionnels mais en abolit une pour le consommateur. Ce dernier a le loisir de se rendre directement aux sujets qui l'intéressent, souvent sans égard à la source d'information puisque les moteurs de recherche le dirigent droit au but visé.

---

7. Déclaration du vice-président de Corus Québec, Mario Cecchini, au journaliste Paul Journet, le 5 février 2009.

8. Selon Chris Gordon, président de CHUM Radio dans le communiqué de CTVglobemedia le 26 février 2009.

Voilà une contrainte qui coûte cher aux médias, qui lui fait perdre des tirages et des cotes d'écoute, donc des sommes énormes en versements publicitaires. Il est concevable que les médias qui ont l'habitude d'agencer la nouvelle avec l'annonceur puissent trouver que la diffusion numérique comporte ses avantages. Une seule nouvelle a le potentiel d'attirer l'annonceur qui veut la cibler avec les données sociographiques du visiteur qui la cherche, au lieu de se trouver pêle-mêle sur une page d'un journal entre des entrefilets ou à la fin de l'information.

Des questions restent à poser. Est-ce que le service à la demande favorise l'émancipation du citoyen ? Son autonomisation ? Un doute est incontournable quand on ne se nourrit que de ce que l'on connaît, ce qui nous convient ou ce que l'on recherche ! Est-ce que cela élargit la perspective d'analyse, de compréhension des citoyens ? Il est permis d'en douter. Ne faut-il pas penser que ces services personnalisés peuvent renforcer une étroitesse de pensée, en l'absence d'une dimension généraliste essentielle pour l'analyse, la mise en contexte et la relativisation ?

TROISIÈME PARTIE

Faire passer son histoire

CHAPITRE 8

S'outiller

....

8.1 OBJECTIF

L'appréciation du quatrième pouvoir passe inévitablement par une connaissance approfondie des types de médias et des acteurs principaux de la salle des nouvelles. C'est ce que nous avons vu à la partie précédente. De plus, sachant ce que le journaliste considère comme une nouvelle, l'interlocuteur a en main la perspective globale du monde des médias. Ce qui lui manque désormais, ce sont les principes et les astuces qui lui permettront d'établir une relation dynamique avec les médias de manière à attiser le journaliste et à faire passer les messages qui méritent l'attention de divers publics récepteurs.

8.2 SAVOIR EXCITER LES MÉDIAS

Les journalistes l'avouent eux-mêmes, le sujet de la nouvelle et un bref aperçu du contenu sont les droits d'entrée exigés par le journaliste et ses patrons. Dans son éditorial du 25 mars 2008, André Pratte de *La Presse* dit que le projet du gouvernement du Québec dans son dernier budget de créer un nouvel espace économique «n'a pas beaucoup excité les médias». C'est beaucoup dire pour un projet de société qu'il qualifie lui-même de «dynamique» et de «nouveau défi pour le Québec d'aujourd'hui».

Savoir exciter les médias aujourd'hui, c'est se permettre de lever le voile juste assez pour piquer le voyeurisme du journaliste. C'est la nouvelle dont il a besoin pour plaire à ses patrons et pour rendre la une du journal du lendemain ou le bulletin de nouvelles plus intéressant, plus attirant et plus sensationnel. Concurrence et rentabilité obligent.

Le défi est de taille car les médias ont tendance à sacrifier l'enquête, les nuances et les renseignements de fond pour les émotions fortes et les éléments sensationnels qui forment les aspects périphériques de la nouvelle.

8.3 RÈGLES DE CONSTRUCTION DE BASE

Les éléments déclencheurs d'une nouvelle sont nombreux. Certains, comme une tragédie soudaine, naturelle, spontanée ou préméditée, précipitent l'action immédiate du journaliste et des intervenants, en même temps. D'autres, comme les crises politiques, institutionnelles ou industrielles, peuvent germer dans l'esprit du journaliste à partir d'une fuite ou d'un indice, reçu dans une enveloppe brune anonyme, qui mérite d'être suivi. Enfin, des idées anodines provenant d'une multitude de sources par simple curiosité peuvent mener éventuellement à une nouvelle.

Toutes les nouvelles ne sont pas négatives et d'ordre catastrophique, bien que les manchettes quotidiennes visent à accrocher le lecteur ainsi.

Soyons indulgents, cependant. Les médias, par exemple, nous réservent parfois de belles surprises. Les fins de semaine surtout. Prenons l'exemple de *La Presse* et de la radio de Radio-Canada qui ont institué leur personnalité de la semaine, consacrant une page complète, photo à l'appui, à une personne de la région de Montréal qui s'est démarquée par son action sociale, humanitaire ou professionnelle. Cette bonne nouvelle, commanditée par quatre grandes sociétés québécoises, est reprise le même jour à RDI en direct et le lendemain matin à l'émission matinale de Montréal *C'est bien meilleur le matin* de Radio-Canada. Le journal *Le Droit* d'Ottawa a repris la formule, également de concert avec l'émission du matin de Radio-Canada. Global National News et CTV News en font autant à leur bulletin de nouvelles du vendredi soir à la télé.

En principe, un journaliste responsable construira la nouvelle d'abord en situant les informations dans son contexte, en interrogeant ses sources vigoureusement et en les citant avec exactitude, en vérifiant les informations avant de les rapporter, en incluant tous les faits pertinents, en évitant de rapporter des accusations sans donner à l'accusé l'occasion de répondre, en évitant les manifestations évidentes de partisannerie ou de partialité, en incluant tous les points de vue légitimes et en représentant l'intérêt de son public. De plus, il devra protéger la confidentialité de ses sources.

8.4 L'ÉCHÉANCIER DE LA NOUVELLE

Dans tous les cas, le journaliste dictera l'échéancier de la nouvelle, c'est-à-dire qu'il déterminera lui-même le temps de réaction et proposera, selon son propre échéancier, le moyen de communication en fonction du délai que son rédacteur lui imposera et de l'importance de la nouvelle.

Par exemple, le rédacteur qui juge que la nouvelle doit faire l'objet du quotidien du lendemain voudra le texte du journaliste au plus tard à 17 h.

Le journaliste de la radio locale a plus de flexibilité. Les nouvelles sont diffusées aux demi-heures.

Avec la télévision, les choses se compliquent un peu compte tenu de la technologie et des techniciens qui accompagnent le journaliste. En studio, les interviews se font rapidement et le montage de la nouvelle peut être fait par les techniciens sur place. Sur les lieux de l'entreprise, le journaliste doit négocier des arrangements avec l'interlocuteur ou son représentant, s'installer avec son équipe, effectuer l'interview avec l'interlocuteur, filmer des scènes de contexte puis rapporter le tout en studio ou le transmettre par moyens électroniques. La télévision d'un réseau national compte au moins quatre échéanciers : pour les nouvelles du matin, du midi, de 18 h et en fin de soirée.

Le journaliste du périodique bihebdomadaire ou mensuel a beaucoup plus de flexibilité. Il construit sa nouvelle sur une période plus longue car il s'agit de reportages de fond. En conséquence, il donnera une plus grande marge de manœuvre à son interlocuteur.

Chaque média a ses propres échéances. Le facteur important, c'est de respecter l'échéancier du journaliste. Il est souvent inutile de demander un sursis. L'interlocuteur accepte de répondre aux questions, ou bien il risque de noircir la réputation de son entreprise. Le journaliste ira chercher des réactions d'autres sources qui interpréteront les allégations qui font l'objet de la nouvelle. Souvent, ces interprétations ne cadreront pas avec la position qu'aurait voulu avancer l'entreprise.

La nouvelle se forme rapidement, souvent avec des brindilles d'information qui suffiront à construire un texte et une manchette.

8.5 COMMENT RACONTER SON HISTOIRE, FAIRE PASSER SON POINT DE VUE

Le journaliste se présente devant son interlocuteur avec un point de vue recueilli d'un certain nombre de sources d'informations. Souvent, il a en tête un scénario des événements qui ont mené à la nouvelle. Il cherchera à obtenir de son interlocuteur une attestation des renseignements recueillis et des compléments d'information.

Selon son code de déontologie, il devra consulter au moins deux sources d'information, une pour la partie qui « fait la nouvelle » et l'autre pour la partie adverse.

Le rôle de l'interlocuteur qui fait l'objet de la nouvelle, c'est de raconter son histoire. Il doit faire des efforts pour tout mettre en contexte. Alors, des faits historiques feront partie des renseignements qu'il partagera avec le journaliste. De plus, il devra répondre directement aux questions, en évitant de tourner en rond. Il aura fait valider les renseignements par ses patrons, sous forme d'une série de faits qualifiés d'argumentaire. Il devra s'en tenir à ces faits qui, normalement, sont les faits connus avec certitude au moment de l'entrevue. Y déroger risquerait de compromettre la position de l'entreprise.

L'argumentaire renferme également le message principal et les messages secondaires qu'il devra mettre de l'avant à chaque occasion.

L'interlocuteur a tout intérêt à répondre plus tard aux renseignements recherchés par le journaliste qui déborderont le cadre de son argumentaire. Toutefois, il devra éviter de nier catégoriquement toutes allégations nouvelles, à moins qu'il sache avec certitude que l'information est fautive. Dans ce cas, il devra en faire la preuve. Sinon, il devra recevoir la demande avec intérêt, avec la volonté de vérifier les faits puis d'y répondre dans un laps de temps raisonnable.

Celui qui est interviewé pour la partie adverse a toujours beau jeu. Il n'est pas sur la sellette. Il fera valoir qu'il a gain de cause en remettant au journaliste une manchette toute cuite sous forme de message imagé. De toute manière, c'est ce que le journaliste cherchera à faire sortir de la bouche de cet interlocuteur.

Voici un exemple fictif d'argumentaire, bien que l'enjeu soit concret et suscite aujourd'hui des réactions vives de la part d'une multitude de publics divers.

EXEMPLE D'UN ARGUMENTAIRE

UTILISATION DE CELLULES SOUCHES EN RECHERCHE

Objet : le besoin de transparence

1. Les cellules souches embryonnaires ou adultes ont toutes les deux la capacité d'améliorer la santé.

2. En respectant un code d'éthique rigoureux, les scientifiques canadiens ont démontré qu'ils sont aptes à utiliser les cellules souches à des fins de recherche pour renverser des pathologies comme le diabète, le Parkinson et l'Alzheimer et des déformations congénitales.

3. Le cadre réglementaire canadien est très clair. L'utilisation de cellules souches à des fins de reproduction est interdite.

4. Toutes les demandes de financement de recherche portant sur les cellules doivent être examinées par un comité d'éthique indépendant avant même d'être analysées.

5. Toutes les demandes de financement approuvées par les agences du gouvernement sont rendues publiques ainsi que le nom des chercheurs et des établissements où seront effectuées les recherches et le nom des partenaires de recherche.

6. Les scientifiques ont le devoir de transmettre publiquement les résultats de leurs recherches dès qu'une découverte est signalée.

7. À long terme, la recherche sur les cellules souches pourrait profiter à des milliers de gens qui souffrent de maladies diverses.

Le prochain argumentaire a été construit à partir des messages tirés d'un article paru dans *La Presse* le 25 janvier 2008, à la suite d'une interview avec la ministre de la Culture, des Communications et de la Condition féminine, Christine St-Pierre, par le journaliste Denis Lessard.

EXEMPLE D'UN ARGUMENTAIRE

- -

**CONTROVERSE ENTRE LE DÉMOGRAPHE MARC TERMOTE
ET L'OFFICE QUÉBÉCOIS DE LA LANGUE FRANÇAISE PORTANT
SUR UNE ÉTUDE DE LANGUE FRANÇAISE À MONTRÉAL**

Objet : réponse de la ministre de la Culture

1. Je n'ai rien à voir dans la décision de l'organisme de publier ou non les conclusions du chercheur de l'Université de Montréal.

2. L'Office québécois de la langue française doit préparer un bilan important sur la situation linguistique pour le mois de mars.

3. Ces études font partie des documents de travail de l'Office.

4. L'organisme a décidé de publier tous ces documents de travail en complément au bilan.

5. Je vous rappelle qu'en décembre dernier Statistique Canada avait aussi dit que le poids démographique des francophones était en diminution partout au Québec et à Montréal évidemment parce qu'il y a une concentration d'immigrants.

6. L'Office est un organisme indépendant et je n'ai pas à lui dire quoi faire, quoi dire.

7. Le démographe Marc Termote est un chercheur important, un homme de calibre qui travaille bien consciencieusement.

8. Il est important d'avoir en main l'ensemble du portrait pour juger de la situation du français à Montréal.

9. Le gouvernement du Québec va prendre toutes les mesures nécessaires pour protéger notre langue.

8.6 LE PUBLIC CIBLÉ

L'interlocuteur connaît ses publics, c'est-à-dire les publics cibles de son entreprise. La nouvelle touchera lequel de ces publics ? Qu'est-ce que ce public devrait savoir ? Doit-on le rassurer de quelque chose ? Qu'attendez-vous que le public fasse avec le message que vous transmettrez ? Quels sont les enjeux importants et les valeurs à faire valoir ? Quelles sont les perceptions de ce public à l'égard de votre entreprise et de l'enjeu dont fait l'objet la nouvelle ?

Donc, avant de cibler un public, le porte-parole devra déterminer la segmentation du public qui sera touchée par la nouvelle. Les spécialistes de marketing et des communications sont aptes à définir cette segmentation de marché en se servant de critères géographiques, démographiques et psychographiques.

En ayant en tête une connaissance intime de ce segment de marché, l'interlocuteur sera en mesure d'adapter ses messages et son langage en conséquence.

LES PUBLICS DE L'ENTREPRISE

Les publics d'une entreprise sont nombreux et se résument à quelques catégories :

- Les clients qui achètent ou reçoivent les services
- Les fournisseurs
- Les détaillants ou les distributeurs des produits et services
- Les leaders d'opinions, les critiques, les leaders au niveau communautaire, les commentateurs
- Les franchisés
- Les membres d'un organisme ou d'un syndicat
- Les employés
- La collectivité où se situe l'entreprise
- Les élus à tous les niveaux de gouvernements
- Les étudiants de tous les niveaux scolaires
- Les groupes d'intérêts qui défendent une cause ou qui représentent une profession ou un métier

---

8.7 DES CONSEILS PRATIQUES

En suivant quelques conseils de base, l'interlocuteur réussira à mieux transmettre son message. Des exemples de réponses à un grand nombre de scénarios de questions figurent au chapitre 7.

En étant dynamique. À l'aide d'une analyse objective de l'enjeu, il est possible d'anticiper la façon dont le journaliste traitera de l'enjeu. L'interlocuteur a tout intérêt à diriger la nouvelle, en se plaçant à l'avant-scène de l'enjeu lorsque les circonstances sont favorables, bien entendu. Dans ce cas, il pourra faire le premier pas et ne pas attendre l'appel du ou des journalistes. Dans le cas contraire, il est mieux d'attendre, de ne pas prendre les devants.

En cherchant des appuis. C'est tout à fait juste d'entraîner dans le giron de la nouvelle des leaders d'opinion et de tierces personnes crédibles qui seraient susceptibles de confirmer votre point de vue. Il s'agit tout simplement de les convaincre de vous appuyer et d'accepter que vous donniez leur nom au journaliste.

En répondant vite. Il ne faut pas laisser sans réponse les critiques et les accusations non fondées. L'interlocuteur doit les neutraliser ou les contredire rapidement et avec force.

En positionnant l'enjeu. L'interlocuteur doit saisir la première occasion pour positionner l'enjeu en établissant dans le bon contexte la position que vous occupez dans l'esprit du public que vous visez. Autrement, d'autres interlocuteurs le feront avant vous. Par exemple, vous devez vous demandez si l'enjeu est une question d'équité, d'emplois, de concurrence internationale ou de choix de consommateur.

En portant attention au ton. Il faut à tout prix éviter d'adopter un ton arrogant et des tactiques qui visent à traiter avec dédain ceux qui ne sont pas du même avis ou en leur prêtant de fausses intentions.

En adoptant une grande ouverture. Le journaliste joue un rôle pivot dans une démocratie. L'interlocuteur doit l'accueillir avec professionnalisme et respect. En l'accueillant par la grande porte, vous vous assurez qu'il ne tentera pas par des moyens détournés de chercher sa nouvelle ailleurs. Si vous le chassez, il cherchera un accueil ailleurs où il se sentira plus à l'aise, à votre grand désarroi. Comme on l'a constaté à la section 5.3, l'Office québécois de la langue française n'est pas le modèle à suivre au niveau de la transparence!

8.8 LA STRATÉGIE À ADOPTER

Le principe veut que la meilleure stratégie soit celle qui atteindra le public visé au bon moment. Cependant, on aura observé que les gouvernements diffuseront la nomination à des postes discrétionnaires en fin de journée le vendredi alors que les journalistes sont moins attentifs et que le public se prépare pour la fin de semaine. Que l'entreprise qui veut annoncer un licenciement le fera en plein cœur de l'été pour qu'elle soit moins attendue, moins diffusée, moins lue; donc elle pourrait avoir moins de répercussions sur la notoriété de la société. Cela a été le cas à l'aluminerie Aleris de Trois-Rivières lorsqu'elle a annoncé la fermeture de son usine par voie de communiqué de presse, diffusé à 1 h 40 dans la nuit du samedi 12 juillet 2008, licenciant ainsi 350 travailleurs! Un organisme qui se trouve dans un pétrin choisira d'attendre quelques jours avant de faire face aux demandes des journalistes.

Ces stratégies visent à atteindre des objectifs précis qui ont été élaborés par les spécialistes de la communication de l'entreprise et entérinés par les cadres.

Des facteurs bien précis éclairent le choix d'une stratégie à adopter avec les médias. Cette stratégie fait partie du plan de communication entourant l'enjeu. Voici plusieurs facteurs:

- La nature de la nouvelle: bonne, mauvaise, neutre
- La portée de la nouvelle: d'intérêt local, régional, national ou international
- La réaction de divers publics, y compris la concurrence
- Le jour et l'heure de l'annonce
- Le lieu de l'annonce
- Le rayonnement potentiel de la nouvelle
- La disponibilité des porte-parole et des tiers
- Le mode de diffusion de l'annonce

La bonne nouvelle ne pose pas de problème, à condition que l'on choisisse le moment opportun pour la diffuser dans des conditions optimales.

Les défis sont nombreux à relever pour la mauvaise nouvelle. L'important, c'est de minimiser les dégâts. La transparence, un argumentaire appuyé de faits nets et précis et une bonne préparation de la part d'un porte-parole crédible sont les principes à suivre.

Il vaut mieux ne pas dissimuler la nouvelle car les conséquences pourraient être lourdes à l'égard de la réputation de l'entreprise. Une conjoncture économique qui mène inévitablement à des mises à pied s'explique et est comprise du public. Le repentir et l'aveu sans prétextes d'une erreur de jugement de la part d'un gestionnaire se pardonnent plus facilement qu'un aveu soutiré après des semaines de tergiversations, comme l'a appris le président du conseil de la société Research in Motion, Jim Balsillie en mars 2007 lorsqu'il a admis volontiers avoir enfreint certaines pratiques comptables portant sur des paiements d'option sur actions, à la suite d'accusations portées par la Commission des valeurs mobilières de l'Ontario. Ni sa réputation ni celle de RIM en ont souffert ; bien qu'il ait perdu son poste de président, il a maintenu celui de co-PDG de la société.

8.9 LE SUIVI

La responsabilité de l'interlocuteur ne prend pas fin dès que le journaliste a raccroché le combiné ou quitte les lieux de l'entreprise. L'interlocuteur doit clore le dossier, de son point de vue, en assurant un suivi ponctuel et en effectuant les tâches suivantes, selon le cas.

D'abord, il doit obtenir les renseignements manquants qu'il a promis au journaliste dans les délais convenus.

Il informera son superviseur du déroulement de l'interview, en précisant les risques et les conséquences pour l'entreprise.

Il pourrait prévenir les tierces personnes qui ont accepté d'appuyer la position de l'entreprise, en les alertant du ton et de l'approche du journaliste.

Il devra informer son service de communication de la date et de l'heure de la parution ou de la diffusion de la nouvelle pour que le service active des mesures de surveillance des médias.

Enfin, l'interlocuteur a le devoir de veiller au grain, jusqu'à ce que la nouvelle passe, d'analyser le contenu en fonction des risques et des conséquences et de participer à toutes les autres activités de redressement qui s'imposeront.

8.10 LA DIFFUSION DE LA NOUVELLE

Nous avons vu plus haut qu'au Moyen Âge la nouvelle était diffusée aux citoyens par le crieur de rue. Au début du siècle dernier, le télex servait de moyen de diffusion du communiqué de presse par l'intermédiaire du fil de presse. L'entreprise payait pour faire transmettre sa nouvelle et les médias, les abonnés du service, recevaient les communiqués sur le télétex qui fonctionnait jour et nuit dans la salle de nouvelles et les services de communication des entreprises et des gouvernements. Ainsi, la nouvelle était diffusée de façon électronique dans un délai de plusieurs heures parfois et sans égard aux types de médias et aux régions; elle était ensuite imprimée sur du papier journal continu et les commis devaient lire les titres un à un.

Aujourd'hui, le fil de presse est numérisé et sophistiqué au point où l'agence de transmission, comme «marketwire» ou CNW Telbec au Canada sont capables de distribuer et de synchroniser la nouvelle, photo ou vidéo à l'appui, en ciblant les types de médias – y compris les nouveaux médias – et les marchés, au Canada comme à l'étranger. La diffusion est instantanée.

Le service de communication peut bâtir sa liste de journalistes au moyen d'un groupe d'adresses de courriel. C'est une tâche continue car le groupe s'élargira constamment et il devra être mis à jour régulièrement. Il vaut mieux s'abonner aux services de transmission d'une agence.

CHAPITRE 9

Vendre son produit : la trousse des médias

9.1 OBJECTIFS

Les médias sont moins compliqués qu'on ne le croit. Ils exigent des renseignements succincts, clairs et certains. Ils ne jugent pas la pertinence de l'information par l'abondance et le design. Donc, inutile de dépenser des fonds pour enjoliver une présentation destinée aux médias et inutile de bombarder le journaliste de documentation superflue.

L'entreprise doit décider des moyens de communication qu'elle remettra aux journalistes. Les médias s'attendent à des renseignements qui ont des formats propres à leur besoin : le communiqué de presse, l'avis aux médias, un profil de la société, de courtes biographies des cadres, un discours, des fiches d'information sur le sujet de l'annonce et une vidéo renfermant des images d'archives de l'entreprise.

9.2 L'APPROBATION

Règle de base, peu importe les moyens de communication qui seront utilisés, leur contenu doit avoir reçu une approbation. Il importe d'identifier la personne qui apposera le sceau d'approbation.

9.3 L'AVIS AUX MÉDIAS

L'avis aux médias prend la forme du communiqué de presse et sert à inviter les journalistes à un événement, comme une conférence de presse. L'avis porte un titre, le nom de la ville et la date de diffusion. Le contenu doit se limiter à deux courts paragraphes dont le premier présente le propos de l'annonce, la date, l'heure et le lieu. Le deuxième précise les personnalités qui seront présentes et la longueur du déroulement. L'entreprise verra à ne pas divulguer la teneur particulière de l'annonce.

MODÈLE D'UN AVIS AUX MÉDIAS

LOGO

Avis aux médias

CONFÉRENCE DE PRESSE

VILLE et date – La société XYZ convoque les médias à son siège social le (date, heure et lieu précis) pour une annonce portant sur l'agrandissement de son usine à (lieu), en présence du PDG (nom) et d'autres dignitaires. Une visite des lieux suivra pour les intéressés.

Renseignements: Nom, n° de téléphone et courriel

9.4 LE COMMUNIQUÉ DE PRESSE

Le communiqué de presse renferme les particularités de l'annonce qui doit être une nouvelle suffisamment importante pour intéresser les journalistes.

Il doit être rédigé selon les normes du journalisme, comme suit : il est écrit sur un en-tête de l'entreprise conçue spécialement pour les médias. Donc, il porte en haut au milieu la mention «Communiqué de presse». Quelques lignes plus bas à droite, on précise si le communiqué est sous «embargo» ou s'il est émis «pour diffusion immédiate».

Les journalistes construisent une nouvelle à partir du principe de la pyramide inversée. Cette logique consiste à présenter les éléments essentiels au début et à ajouter des éléments selon une logique d'importance décroissante. Pourquoi ? Les rédacteurs sélectionnent les nouvelles en fonction de leur importance et de l'espace dans les journaux ou le temps d'antenne. Donc, ils coupent à partir du bas du texte. Cette technique permet au lecteur d'apprendre d'entrée de jeu ce qui est fondamental et de décider de lire ou non la suite de l'article sans pour autant avoir perdu l'essentiel. C'est pour cette raison que le modèle de construction d'un communiqué de presse suit cette même logique. Il facilite le travail du journaliste et donne au relationniste un meilleur gage que sa nouvelle passe la première étape du tri dans la salle de rédaction.

Le titre doit résumer la nouvelle en quelques mots. Il doit être percutant et simuler une manchette de journal. Il est écrit en lettres majuscules.

Le premier paragraphe, l'amorce, débute avec le nom de la ville de provenance et la date d'émission ; le paragraphe qui suit résume l'essentiel du message : qui, quoi et quand.

Le deuxième paragraphe sert à élaborer sur la nouvelle en donnant des précisions concrètes et en expliquant le contexte. C'est ici que se trouve le message principal.

Le troisième paragraphe peut renfermer une citation de celui qui annonce la nouvelle, suivie d'un autre paragraphe au besoin dans lequel sont présentés quelques données techniques.

Enfin, le dernier paragraphe résume le mandat et la mission de l'entreprise, suivi d'un renvoi au site Web de l'entreprise.

Le chiffre « – 30 – » inscrit au milieu de la page après le dernier paragraphe indique la fin du communiqué. Ce symbole est tiré d'une vieille pratique du temps de la communication par le *code Morse*.

En bas à gauche se trouvent les coordonnées du responsable des communications : numéros de téléphone et de télécopieur, y compris le cellulaire, et le courriel.

Le communiqué devrait être limité à une seule page. Les phrases doivent être courtes et exprimer une seule idée à la fois. Le communiqué doit répondre aux questions les plus demandées : qui, quoi, quand, où, pourquoi et comment.

MODÈLE DE COMMUNIQUÉ DE PRESSE

LOGO

Communiqué de presse

Pour diffusion immédiate

TITRE PERCUTANT, SOULIGNÉ, EN LETTRES MAJUSCULES

VILLE et date – Le résumé de la nouvelle : qui, quoi, quand, où, combien.

2e paragraphe : qui fait l'annonce ; pourquoi ; renferme le message principal.

3e paragraphe : mention des publics visés, des partenaires, citation (ne pas en abuser), durée, objectifs visés.

4e paragraphe : détails d'ordre technique, notes documentaires. Renvoi au site Web pour un complément d'informations.

5e paragraphe : conclusion, historique (dans le contexte de…), mission de l'entreprise.

– 30 –

Renseignements :

Nom du responsable

Numéro de téléphone

Courriel, télécopieur

9.5 LE PROFIL DE L'ENTREPRISE

Le profil peut faire partie d'un ensemble de fiches d'information. Il expose le mandat, le créneau, le produit et les succès de l'entreprise. Une page suffira.

9.6 DE COURTES BIOGRAPHIES DES CADRES

Il s'agit de courts sommaires de chacun des cadres de l'entreprise, précisant leur rôle et leur expérience, avec photo à l'appui. Une page suffira.

9.7 UNE COPIE DU DISCOURS

Si l'annonce suit un discours important du président de l'entreprise, ce discours devrait être disponible sur les lieux de l'annonce.

9.8 DES FICHES D'INFORMATION

Il pourrait y en avoir plusieurs. La plus importante sera celle qui accompagne l'annonce et qui fournit des détails techniques au sujet de la nouvelle, comme le contexte, la chronologie des événements qui ont mené à l'annonce et des statistiques. Chaque fiche ne devrait pas dépasser une page.

9.9 DES IMAGES D'ARCHIVES

Pour la télévision, des images d'archives sous forme de vidéos dans lesquelles on retrouve le procédé de fabrication, une ligne d'assemblage, un croquis du produit, par exemple, pourraient servir souvent dans les bulletins de nouvelles et dans les émissions d'actualité portant sur le milieu économique de l'entreprise.

9.10 UN JEU DE QUESTIONS ET RÉPONSES

Il s'agit des réponses aux questions les plus communes qui pourraient être posées par les journalistes. Le jeu fait partie des fiches d'informations.

9.11 LE FORMAT NUMÉRISÉ

Comme les journalistes travaillent dorénavant avec les moyens technologiques les plus modernes, ils s'attendent à ce que le matériel diffusé sur les lieux de l'événement soit disponible en format numérisé. L'entreprise doit s'assurer que le matériel est disponible sur son site Web au moment même de la diffusion de la nouvelle, y compris les images d'archives.

CHAPITRE 10

Les formats variés de la nouvelle

10.1 OBJECTIF

L'entrevue avec le journaliste prend plusieurs formes. Dans toutes les circonstances, il s'agit d'un échange officiel entre un ou plusieurs journalistes représentant un ou différents réseaux et différents types de médias. L'entrevue peut se faire au téléphone, en personne ou dans un studio de radio ou de télévision, par satellite ou devant un écran d'ordinateur dans le cas d'une webdiffusion. Ce chapitre définit les formats variés que prend une nouvelle.

10.2 L'ENTREVUE PERSONNELLE EN STUDIO, EN DIFFÉRÉ

Le porte-parole se trouve sur le terrain du journaliste, entouré de techniciens et, dans le cas de la télévision, d'une maquilleuse. Pour la radio, il pourra s'inspirer de notes devant lui en s'assurant de ne pas froisser ses feuilles. Seul le journaliste ou son réalisateur a le loisir de reprendre l'entrevue, souvent pour des raisons d'ordre technique.

Même si le porte-parole se trouve sur les lieux du journaliste, il peut imposer une limite de temps. En studio, l'entrevue ne devrait pas durer plus de 10 minutes. Le réalisateur choisira le clip idéal d'au plus 10 secondes, puis classera le reste.

10.3 L'ENTREVUE PERSONNELLE SUR LES LIEUX DE L'ENTREPRISE, EN DIFFÉRÉ

Le journaliste se trouve sur le terrain du porte-parole. Dans le cas de la télévision, l'entreprise a tout avantage pour profiter de l'occasion en affichant ses couleurs, c'est-à-dire en choisissant le local de l'entrevue où elle pourra afficher son image de marque qui sera placée directement derrière le porte-parole, en face de la caméra. Le porte-parole devra se fier à sa mémoire car il ne pourra pas s'inspirer de notes.

Il est important d'établir une limite de temps pour ce type d'entrevue. Dans le cas d'une entrevue coutumière, pas plus de 10 minutes, en plus du temps requis pour que les techniciens s'installent. Dans le cas d'une entrevue de fond, 30 minutes. Autrement, le journaliste se prête facilement à des super-cheries en posant la même question de façon différente, par exemple, et en prétextant qu'il veut d'autres prises par le préposé à la caméra.

Le résultat importe au plus haut point. Une entrevue de ce genre donne généralement au plus 10 secondes de diffusion directe dans un topo de deux minutes et au plus deux parutions de la part du porte-parole. Comme à la radio, le réalisateur cherchera le meilleur clip et classera le reste de l'entrevue.

10.4 L'ENTREVUE AU TÉLÉPHONE

Le porte-parole a toute liberté dans ce cas. Il peut s'inspirer de notes et de conseillers muets qui pourraient le dépanner dans le cas de questions pièges ou de questions qui exigent des chiffres, des dates et des noms précis.

Si c'est possible, il vaut la peine de choisir le porte-parole qui a une voix agréable et qui est éloquent. Les auditeurs comptent beaucoup sur ces qualités qui ajoutent à la crédibilité.

10.5 L'ENTREVUE EN DIRECT, SEUL OU EN PRÉSENCE D'AUTRES INVITÉS

L'entrevue en direct seul se produit rarement en studio, sauf dans les cas de grandes campagnes comme une élection générale, un référendum ou une tragédie grave d'envergure nationale. Dans ce cas, le porte-parole doit avoir à sa portée son message principal et quelques faits saillants.

Lorsqu'il compte parmi d'autres invités lors d'un échange de points de vue, le porte-parole le plus visé sera celui qui doit défendre l'enjeu. Les autres ont le beau jeu de faire valoir les arguments contraires. La dynamique tourne autour des messages à présenter.

10.6 LA TÉLÉCONFÉRENCE

Le monde des affaires se sert régulièrement de téléconférences pour faire le point sur certains aspects financiers de l'entreprise. La téléconférence permet aux journalistes, analystes et investisseurs de réseaux internationaux de se joindre au représentant de l'entreprise. D'une courte durée, cette pratique est souvent animée par le directeur des communications de l'entreprise.

10.7 LES ÉMISSIONS DE TRIBUNES TÉLÉPHONIQUES

Les tribunes téléphoniques sont nombreuses à la radio dans les grandes villes et visent un vaste auditoire généralement. Le porte-parole devient l'invité de l'heure qui répond brièvement aux questions de l'animateur afin de présenter le contexte pertinent. Puis, il répond aux questions des auditeurs par de courtes réponses claires et précises, en faisant passer les messages principaux dans chaque cas.

Pendant la période de questions, il est souhaitable de parler directement à l'auditeur en prenant soin de le saluer et de le remercier de sa question ou de son commentaire. Il ne faut jamais monter son agacement face à un auditeur peu informé ou hostile. Une brève reformulation de la question permet de mieux cadrer la réponse.

10.8 LE POINT DE PRESSE

De plus en plus commun, le point de presse, ou *scrum* en langage parle-mentaire, est moins formel qu'une conférence de presse, sans exiger de mesures techniques, et peut avoir lieu n'importe où, à l'intérieur comme à l'extérieur, dans une salle de conférence ou sur le trottoir.

En convoquant les journalistes à un point de presse, l'entreprise laisse entendre tout simplement qu'un porte-parole se rend disponible pour répondre aux questions des journalistes sur un enjeu de l'heure sans l'obligation de faire une déclaration d'ouverture. Le point de presse est souvent utilisé à la suite d'un discours important, à la sortie de l'Assemblée nationale, de la Chambre des communes ou d'un palais de justice, par exemple.

Il importe de comprendre la dynamique du point de presse. La nature même de l'exercice conduit souvent les journalistes à être à l'affût : ils braquent des micros et des caméras sur une personne et lui donnent en quelque sorte un ordre de répondre. Et puis, en présence d'une meute de journalistes, ceux-ci se battent littéralement pour obtenir une question, d'où le fait qu'ils peuvent élever la voix ou prendre un ton quelque peu autoritaire. C'est pourquoi il faut évaluer le degré de tension d'un point de presse et de veiller à ce que le porte-parole prenne une sorte de détachement lui permettant de répondre avec calme, comme s'il jouait un rôle.

10.9 LA RÉUNION D'INFORMATION

Parfois, l'entreprise voudra rassembler les journalistes pour leur fournir des renseignements dits d'ordre technique, avant une conférence de presse ou une annonce formelle, par exemple. Ce type de réunion vise toujours à vulgariser un dossier qui pourrait s'avérer trop complexe, autant pour les journalistes de terrain que pour le public. Entre cette réunion et l'annonce, il pourrait s'écouler plusieurs heures. Le dépôt des budgets, les rapports détaillés des vérificateurs généraux des gouvernements et une politique sur l'utilisation de cellules souches pour la recherche s'inscrivent dans ce type de réunion.

Les règles du jeu doivent être claires dès l'envoi d'un avis aux médias. Les porte-parole de l'entreprise seront présents mais les renseignements qu'ils donneront ne pourront pas leur être attribués avant l'annonce officielle ou l'événement. Le journaliste pourra se servir des renseignements pour guider la préparation de sa nouvelle.

Le porte-parole devra prendre garde cependant de s'en tenir à la position que le porte-parole officiel de son entreprise prendra au cours de l'annonce officiel.

10.10 LA CONFÉRENCE DE PRESSE

Les journalistes courent les conférences de presse parce qu'ils s'attendent à une importante nouvelle. L'entreprise qui abuse de cette pratique risque de finir par ne plus être prise au sérieux.

Les conférences de presse sont utiles pour créer un événement de marque, pour porter à l'attention des médias un point de vue important sur un grand enjeu de société, pour épargner du temps en informant un grand nombre de journalistes simultanément, évitant ainsi des entrevues individuelles, pour éviter d'être accusé de favoritisme envers un média en particulier et pour donner l'heure juste sur un enjeu complexe.

En premier lieu, l'entreprise doit reconnaître que l'enjeu revêt une importance qui justifie de tenir une conférence. Puis, l'exercice exigera une préparation rigoureuse

Le lieu

Le choix du lieu est déterminant et de préférence devrait être lié à la nouvelle de façon à donner vie dans un contexte pertinent où le visuel collabore à renforcer la nouvelle. Par exemple, une nouvelle d'ordre médical se fera devant un centre hospitalier, dans une clinique ou un laboratoire. Une nouvelle qui touche à l'environnement pourrait se situer à l'extérieur, devant un cours d'eau, un site d'enfouissement sanitaire ou une usine de récupération.

La salle

La salle de presse devra avoir les caractéristiques suivantes :

- Elle sera munie de tous les instruments techniques pour recevoir les médias électroniques.

- Des prises de courant en nombre suffisant doivent être à la portée des techniciens du son et de l'image.

- Ses dimensions devront convenir au nombre d'invités potentiels, tout en évitant une trop grande salle qui pourrait donner l'impression, à la télévision, que la conférence de presse a attiré très peu de médias et de gens intéressés.

- Une estrade doit être aménagée pour recevoir le mobilier, soit la table des porte-parole qui sera munie de microphones, une chaise pour chacun des invités et le lutrin de l'animateur.

- Un ou deux micros sont installés dans la salle pour permettre aux journalistes de poser leurs questions.

Comme les journalistes préfèrent poser leurs questions individuellement après la séance publique, la grandeur de la salle devrait convenir pour permettre des entrevues individuelles à quelques endroits où le bruit du public présent pourrait être atténué.

De plus la table devrait être placée en face d'un visuel qui optimise la signature de l'entreprise.

L'annonce et la documentation

Les médias seront prévenus au moins 24 heures à l'avance, en précisant la portée de l'annonce sans la divulguer. À part les journalistes, il faut informer les affectateurs dans les salles de nouvelles et faire un suivi quelques heures avant la tenue de l'événement.

Le cahier de presse sera assemblé à l'avance et remis aux journalistes dès leur arrivée. La déclaration d'ouverture ne dépassera pas 10 minutes. Le directeur des communications devrait animer habituellement l'événement et il accordera au plus 20 minutes pour les questions. Tout le déroulement de la conférence de presse doit être enregistré.

Une collation, du café et des jus devraient être servis.

10.11 LE DOUBLEX ET LE DUPLEX

Le doublex, une pratique plutôt intimidante, se réalise devant une caméra seulement, sans la présence du journaliste qui se trouve dans un studio, parfois dans la même ville mais plus souvent dans une autre ville. Le grand désavantage pour le porte-parole, c'est le manque d'interaction directe avec le journaliste. De plus, il n'a pas idée de la durée de l'entrevue et doit fixer son regard sur la caméra tout le temps. Il est muni d'un écouteur dissimulé dans l'oreille pour lui permettre d'entendre les questions du journaliste.

À la radio, le technicien se servira du duplex pour relier le journaliste dans son studio à un interlocuteur qui se trouve dans un autre studio dans une autre ville, par exemple.

Comme ces pratiques sont plutôt mécaniques, elles peuvent nuire à la concentration. Le porte-parole devra garder à l'esprit le public auquel il transmet un message important. On lui conseillera d'utiliser, de temps à autre, la technique de la reformulation des questions pour lui permettre d'organiser ses idées et de les livrer clairement et succinctement.

10.12 LA PAGE ÉDITORIALE

Dans les quotidiens, le rédacteur réserve une page complète pour faire passer le point de vue des lecteurs, sous forme d'opinion. Dans *La Presse*, par exemple, cette page porte le nom « Forum », dans l'*Ottawa Citizen*, « Arguments », dans le *Globe and Mail* « Comment » et dans *Le Devoir*, « Idées ». Le rédacteur peut inviter un représentant d'une entreprise à signer un article ou l'entreprise peut demander au rédacteur l'occasion de soumettre un article sur un sujet d'intérêt commun. C'est au rédacteur de la page éditoriale qu'il faut présenter une demande, avant de rédiger l'article. S'il acquiesce, il faudra lui présenter un article de 500 mots au plus en portant une attention particulière à l'intérêt des lecteurs du public cible du quotidien. L'article doit présenter un point de vue équilibré écrit dans un style direct et simple sur un sujet pertinent et ponctuel. Il doit renfermer des faits bien documentés.

10.13 LA RENCONTRE AVEC LES RÉDACTEURS

Cette pratique se limite aux grands quotidiens. Le rédacteur invite le chef d'une entreprise à faire le point sur un enjeu important. Ou bien le représentant de l'entreprise juge qu'un enjeu est si important qu'il risque une présentation devant le rédacteur et ses invités.

La rencontre, rarement d'une durée de plus de 60 minutes, a lieu au bureau principal du quotidien, en présence du chef de l'entreprise et d'un autre représentant et de plusieurs représentants du quotidien choisis parmi le rédacteur, le rédacteur de la page éditoriale, un rédacteur du conseil éditorial, le journaliste attitré au secteur en question et le rédacteur du secteur en question (du cahier des affaires, des arts, des questions nationales ou locales, par exemple).

Cette pratique exige une préparation rigoureuse de la part de l'entreprise, car le représentant devra anticiper une panoplie de questions pointues sur tous les aspects de l'entreprise. Il est sur la sellette. Il devient une cible. La moindre hésitation, la perception de confusion même, pourrait mener à une relation tendue entre les parties et avoir des conséquences graves à long terme.

La table éditoriale n'accordera pas plus de cinq minutes de présentation comme entrée de jeu. Un représentant bien préparé ne lira pas ses notes, mais ira chercher les points saillants. Le directeur des communications ou le secrétaire de presse devrait accompagner le représentant de l'entreprise et demander à l'éditeur le droit d'enregistrer l'échange.

Il se peut qu'une opinion ou un article soit écrit dans le quotidien dans les jours suivants.

10.14 LE CAHIER ÉDITORIAL

Il ne faut pas confondre le cahier éditorial avec la nouvelle d'un journaliste. Il s'agit d'un publireportage. Le cahier est exclusivement un imprimé généralement sous le format d'un tabloïd. Cette forme de publicité thématique renferme des articles dont le contenu est la responsabilité entière du commanditaire. Le cahier éditorial porte toujours la mention «cahier publicitaire» en petites lettres au haut du cahier. Il est inséré dans le quotidien ou agrafé au milieu du périodique. Les entreprises de l'automobile, de la pharmaceutique et les organismes caritatifs utilisent souvent ce format.

CHAPITRE 11

L'interview : le bon pied devant

11.1 OBJECTIF

Le journaliste choisit ses interlocuteurs pour leurs connaissances, leurs expériences et leurs habiletés dans la matière qui fera l'objet de la nouvelle. L'interlocuteur qui s'y prête volontiers et qui sait s'exprimer clairement réussira une bonne interview.

Ce chapitre traite d'autres gages de réussites qui sont fondés sur des aspects plus techniques de l'interview, comme la négociation des termes, les règles du jeu touchant le sujet lui-même, les techniques visant à contrôler l'interview et le comportement de l'interlocuteur. L'interlocuteur ou les représentants de l'entreprise qui ont établi de bonnes relations avec les journalistes partent toujours du bon pied lorsqu'une demande d'interview est formulée.

11.2 SE PRÉPARER

Vous avez accepté d'accorder une interview ? Comment allez-vous vous préparer ? La préparation se résume en trois étapes.

Établir l'argumentaire

À titre de porte-parole et d'expert, vous devez d'emblée noter les deux ou trois messages principaux qui feront l'objet de votre communication de base. C'est ainsi que vous réussirez à maîtriser l'interview.

Anticiper les questions

Préparez une liste de questions que vous anticiperez et les réponses que vous voudriez formuler, dans un style simple, clair et précis. N'oubliez pas d'y insérer vos messages principaux à chaque occasion, si possible.

À cet égard, il est utile de connaître le journaliste pour apprécier son style, son expérience, son niveau de connaissance du sujet et ses habitudes de collaboration.

Pratiquer

Prenez le temps de pratiquer vos réponses en demandant à un collègue de vous poser les questions anticipées.

11.3 NÉGOCIER LES TERMES D'UNE INTERVIEW

D'entrée de jeu, l'interlocuteur qui juge que la demande du journaliste vise son champ de compétence devrait lui transmettre son désir de l'aider. Avant de répondre, il voudra connaître le contexte de la demande et l'envergure des questions qui intéressent le journaliste. En acceptant, il peut préciser les paramètres des questions qui visent son champ de compétence puis négocier la durée, l'heure précise et le lieu de l'interview.

DES QUESTIONS POUR LE JOURNALISTE

- Quel est votre nom?
- Quel média représentez-vous?
- Quel est l'enjeu que vous voulez discuter?
- Quel aspect de l'enjeu vous intéresse particulièrement?
- Qu'est-ce qui a suscité votre intérêt?
- Allez-vous consulter d'autres personnes?
- Qu'est-ce que vous connaissez du sujet, de moi, de l'entreprise que je représente?
- Avez-vous consulté notre site Web?
- Quel est votre échéancier?
- Je peux vous rappeler dans 10 minutes (30 minutes)?
- Quel est votre numéro de téléphone?

C'est dans l'intérêt de l'interlocuteur de résumer le contexte des questions qui pourraient être posées et les paramètres du sujet. Vous devez agir assez rapidement car l'échéancier du journaliste est toujours court.

Dans le cas d'une interview à la radio ou à la télévision, il est essentiel de s'informer du format de l'interview et du nom des autres invités le cas échéant. Parfois le journaliste ou le réalisateur voudra procéder à une interview informelle afin de recueillir des renseignements de fond pour préparer l'interview formelle.

Tout au long de la négociation et de l'interview informelle, tout ce que l'interlocuteur dira fait partie de l'information communiquée officiellement pour diffusion.

En tout temps, l'interlocuteur doit se montrer à la fois résolu et courtois tout au long de la négociation. Cette position favorise l'établissement d'une dynamique relativement égalitaire avec le journaliste. S'il perçoit l'interlocuteur comme étant arrogant et désagréable, il est possible que le journaliste soit moins réceptif ; si, par contre, l'interlocuteur se montre trop accommodant, le journaliste en inférera peut-être un manque de confiance en soi ou de crédibilité.

11.4 LES RÈGLES DE BASE DE L'INTERVIEW

L'interlocuteur doit tenir pour acquis que l'interview commence dès qu'il amorce son premier contact avec le journaliste, qu'il ait accepté ou non de lui accorder une interview.

L'interlocuteur doit bien se préparer et accepter que tout ce qu'il communiquera soit d'ordre officiel. Il peut cependant transmettre des renseignements contextuels et demander au journaliste de ne pas le citer comme source d'informations. Dans ce cas, le journaliste précisera que l'information a été obtenue d'un « cadre qui a voulu l'anonymat », ou que le « cas est bien connu dans l'entreprise ».

Le meilleur conseil, cependant, est d'éviter toute ambiguïté et de communiquer avec le journaliste de façon officielle pendant la durée de l'interview.

11.5 LA RÈGLE GÉNÉRALE : CONCLURE PUIS EXPLIQUER

Les règles de jeu des médias ne sont pas les règles apprises par le spécialiste qui rédige un rapport, partant d'un contexte, énumérant des faits puis tirant une conclusion. En sa qualité de porte-parole répondant aux questions du journaliste, l'interlocuteur énoncera sa conclusion en répondant à la première question, en prenant bien soin d'y insérer le message principal qu'il veut transmettre à son auditoire. Puis, il se prêtera à la curiosité du reporteur en lui fournissant les explications qu'il demandera inévitablement.

Par exemple, dans le cas d'un bris du système hydroélectrique qui a secoué la province de l'Ontario en 2003 en pleine canicule, le journaliste demandera au porte-parole d'Hydro One : « Qu'est-ce qui s'est passé ? »

Le porte-parole répondre par cette conclusion qui se terminera par un message d'assurance :

« La demande des consommateurs a dépassé la capacité du système. Malheureusement, Hydro One n'avait pas de mesures d'urgence et le système a flanché. Nous avons réussi à rétablir l'appareil dans un délai de 12 heures en négociant une entente avec Hydro-Québec. »

Le journaliste poursuivra son interrogation par des questions de base, telles :

« Est-ce normal qu'une situation se produise ? »

« Qui a été touché ? »

« Pour combien de temps ? »

« Qu'elles mesures seront mises en place pour éviter que cela se reproduise ? »

« Combien a coûté l'entente avec Hydro-Québec ? »

Nous verrons au chapitre 7 des circonstances particulières à un enjeu où l'objectif du journaliste peut être de déstabiliser l'interlocuteur afin de le compromettre.

11.6 RÉPONDRE AUX QUESTIONS

L'interlocuteur répondra aux questions en faufilant son message. Il est inutile de répondre à une question sans saisir l'occasion de faire passer son message principal, celui qui visera à rassurer l'auditoire. Donc, au lieu de répondre passivement par des propos secs et techniques, il remerciera le journaliste de soulever la question et profitera de sa réponse pour transmettre le message principal, sans toutefois éviter la question.

11.7 FORMULER LA RÉPONSE

Tout comme un discours, la réponse renferme trois éléments importants. D'abord, l'interlocuteur répond directement à la question en y insérant son message. Puis il élabore brièvement. Enfin, il l'illustre par une image et conclut en répétant le message.

11.8 PASSER LE MESSAGE

Le message, c'est la manchette que l'on souhaite. C'est le point qui rassurera les lecteurs et les auditeurs. Il ne s'improvise pas facilement au cours d'une interview parce que l'interlocuteur doit réfléchir rapidement aux questions et éviter de tomber dans des pièges potentiels. Il se prépare. Alors, l'interlocuteur écrira son message et l'aura sous les yeux pendant l'interview afin de le passer dans ses propos au moment le plus opportun.

L'argumentaire doit être direct et simple, mais pas simpliste. Vous pourrez le répéter, le moduler. Des exemples d'argumentaire sont présentés dans la deuxième partie et au chapitre 9.

11.9 RÉPÉTER

Une entrevue comporte habituellement plusieurs questions, parfois formulées différemment. On y observe à la fois redondance et réduction du format. En lisant les journaux, en écoutant les bulletins de nouvelles, vous constatez que l'entrevue de 30 minutes est réduite à une ou deux phrases dans les journaux et à un clip de 10 secondes à la radio ou à la télévision. Ainsi, à chacune des questions posées, il y a lieu de trouver une façon de faufiler son message. Un message fort et imagé a toutes les chances d'être repris par le journaliste.

L'interlocuteur doit tenir compte de l'attention et de la mémoire, tant du journaliste que du public. Il est toujours utile de posséder en réserve une ou deux formulations imagées. Il est aussi judicieux de décomposer au préalable les principaux éléments de l'argumentaire pour les présenter au public en termes d'enchaînement : « Pourquoi, me demandez-vous ? Parce que […] premièrement […] deuxièmement […] et, troisièmement […]. »

11.10 TRANSITER D'UNE IDÉE À UNE AUTRE

Le journaliste qui cherche à étirer une interview risque de s'écarter du sujet convenu, parfois pour semer un piège. Dans ce cas, l'interlocuteur voudra faire le pont entre le sujet de distraction et l'enjeu en utilisant une phrase charnière. Voici des façons de revenir au sujet convenu, chaque fois, en répétant votre message principal :

«Vous soulevez un point intéressant, cependant, voyons les choses d'une perspective plus large […].»

«Il y a aussi un enjeu plus important que celui-là. Comme je vous le disais […].»

«Ne nous écartons pas de la question principale […].»

«Il y a un autre enjeu dans ce débat […].»

«Avez-vous tenu compte de l'autre point de vue?»

«Vous n'avez pas cerné le bon enjeu. Le voici […].»

«Votre question me fait penser à un aspect plus important.»

Cette méthode permettra à l'interlocuteur de rester maître de l'interview et d'y mettre fin dans les délais convenus.

11.11 SOUS LE COUVERT DE L'ANONYMAT

Pour un journaliste, une primeur peut également provenir d'une source d'information qui ne veut pas être connue. Quelle est la valeur d'une telle nouvelle?

Le journaliste précisera alors que, «selon une source gouvernementale qui a requis l'anonymat», «selon un proche conseiller du premier ministre» ou selon un porte-parole qui «a tenu à ne pas être identifié», un événement de grand intérêt se produira à une date précise, le prochain budget fédéral remettra le pays dans une zone déficitaire jamais vue depuis les années 1990, le président remettra sa démission!

La plupart du temps, ces manœuvres relèvent de stratégies politiques gouvernementales calculées et autorisées pour laisser planer des ballons d'essai afin de jauger l'opinion publique ou pour atténuer une mauvaise nouvelle certaine dans les jours suivants. Elles sont tolérées sur le plan politique mais moins dans d'autres circonstances, telle l'administration du secteur public et du secteur privé.

Le relationniste réfléchira longuement avant de conseiller son porte-parole à consentir à l'anonymat. Se place-t-il en position pouvant compromettre l'intérêt de ses publics ? Comment devra-t-il répondre aux demandes des autres médias et de ses publics sur cette question ? Quel sera son argumentaire ?

Le journaliste se réjouira sans doute car il aura droit à un traitement de faveur. Par contre, le relationniste risque de perdre un peu de crédibilité avec les autres médias qui chercheront un jour, à leur tour, à obtenir une faveur équivalente.

De son côté, le consommateur doit faire la part des choses. S'il s'agit d'un geste provenant d'une instance politique, il jugera que la source d'information est réelle et conclura que l'information est juste puis réagira en conséquence.

Fait à noter, le journaliste ne pourra décider seul d'évoquer dans son article l'anonymat de la source. Il devra la divulguer à son rédacteur ou à son réalisateur et, d'un commun accord, l'utilisera.

11.12 SAVOIR SE DÉTENDRE

Des exercices de respiration, d'une durée de cinq à dix minutes, aideront à communiquer de façon détendue.

On commence par des respirations lentes et profondes depuis l'estomac, en inspirant et expirant, en évitant les mouvements de la poitrine. En inspirant pleinement, vous poussez l'estomac vers l'extérieur afin de remplir vos poumons d'oxygène frais, sans retenir votre souffle. Vous expirez lentement par la bouche en retirant l'estomac vers l'intérieur, de manière à pousser tout l'air inspiré. Vous continuez ce mouvement en prenant conscience de l'air inspiré et de l'air expiré.

Tout en exécutant ces exercices de respiration profonde, vous reposez vos muscles en commençant par vos orteils et en vous rendant progressivement vers les épaules.

Il y a des boissons à éviter, comme le café, qui a tendance à sécher la bouche et la gorge, et les alcools, bien entendu. Boire un peu d'eau avant l'interview serait bénéfique.

Des exercices de visualisation aident à garder l'esprit clair. Par exemple, l'interlocuteur s'imagine qu'il dialogue avec un lecteur, un auditeur, un téléspectateur. Expert en la matière, il saura que ses connaissances dépassent largement celles du journaliste.

CHAPITRE 12

L'interview : des conseils supplémentaires

12.1 OBJECTIF

Ce chapitre fournit des conseils pratiques pour réussir une interview et pour bâtir des relations soutenues et positives avec les journalistes.

12.2 VÉRIFIER LES FAITS

Une fois l'interview terminée, l'interlocuteur devrait vérifier que ses propos ont été cités et utilisés dans le contexte convenu. Il peut le faire à l'aide d'une transcription, d'une bande audio ou numérique. Le contenu de l'interview archivée pourrait servir à d'autres interviews à l'avenir. Donc, si les faits ne sont pas corrigés, le journaliste risque de répéter les mêmes erreurs. Enfin, un fait erroné peut jeter du discrédit sur l'interlocuteur et l'entreprise qu'il représente.

12.3 ÉQUIPER LES JOURNALISTES : PENSER À LEUR CONNAISSANCE DU SUJET

La plupart des journalistes traitent de sujets variés, donc ne peuvent prétendre être spécialistes dans plusieurs domaines. Avant d'aborder le sujet, l'interlocuteur devrait offrir au journaliste de le documenter le plus abondamment possible en précisant le contexte de l'enjeu. Le journaliste pourrait, à l'avenir, considérer l'interlocuteur comme une référence certaine sur le sujet en question.

Les journalistes cherchent des faits. Leur transmettre tous les faits en votre possession facilitera leur travail et vous rendra service à l'avenir.

12.4 ÉQUIPER LES JOURNALISTES : PENSER À LEURS CONDITIONS DE TRAVAIL

Comme tous les professionnels, les journalistes sont assujettis à des contraintes. Les leurs portent surtout sur la ponctualité de la nouvelle, le peu de connaissance du sujet, le peu de temps consacré à la recherche sur l'enjeu, le besoin d'interroger au moins deux sources opposées au débat dans un laps de temps très court et l'obligation de remettre un texte dans de brefs délais.

La trousse qui sera préparée sera à la fois complète, facile à consulter et disponible en format numérique sur le site Web de l'entreprise. Les heures de rencontre avec les médias doivent convenir à l'ensemble des journalistes convoqués. Les conditions d'enregistrement devront être bien réfléchies.

12.5 RÉFLÉCHIR : QUI FAIT LA NOUVELLE ?

La nouvelle aura des conséquences, parfois graves, sur des individus ou des entités. L'interlocuteur doit d'abord protéger sa réputation et celle de l'entreprise qu'il représente. Cependant, il doit tenir compte de son auditoire et prendre tous les moyens possibles, dans ses messages, pour les rassurer et pour garder leur confiance.

12.6 PENSER AUX QUESTIONS LES PLUS NATURELLES DU PUBLIC

Le journaliste vise un auditoire qu'il connaît intimement et pose des questions qui sauront l'intéresser. L'interlocuteur doit également se familiariser avec cet auditoire pour le comprendre intimement. Le service des communications de l'entreprise saura le conseiller. Les réponses seront formulées en fonction du niveau d'intérêt et d'éducation de l'auditoire.

12.7   ANTICIPER LES RÉACTIONS D'AUTRES ACTEURS ET DES EXPERTS

D'entrée de jeu, l'interlocuteur devrait savoir que le journaliste parlera à d'autres interlocuteurs qui auront des points de vue nuancés ou contradictoires. De plus, il peut demander le nom des autres acteurs qui seront interrogés. Les connaissant, il pourra anticiper le point de vue des autres et chercher à faire valoir le sien avec force et confiance.

Si l'interlocuteur n'est pas un expert dans la matière, il pourrait anticiper la réaction de l'expert en faisant de la recherche à son sujet.

12.8   CONNAÎTRE LES JOURNALISTES IMPORTANTS

L'interlocuteur qui devient porte-parole officiel de son entreprise devra traiter avec les mêmes journalistes qui couvrent l'entreprise. Sans nécessairement devenir un ami, l'interlocuteur pourrait, au cours d'une année, par exemple, offrir aux journalistes, individuellement, une tournée de l'entreprise ou une rencontre informelle avec les cadres. Ces rencontres pourraient mener à des reportages de fond ou tout simplement donner des idées de nouvelles à traiter plus tard. Il faudra toutefois éviter de prendre l'habitude de leur offrir un repas ou des billets pour une partie de hockey, ce qui pourrait être vu comme un pot-de-vin de la part du journaliste. Il vaut mieux garder ses distances sur cette question.

12.9   DIRE NON SANS PRÉTENTION

Règle générale, l'interlocuteur connaît les limites de ses interventions. Comme porte-parole crédible, il doit exercer du jugement à chaque tournant. Il saura que certains renseignements demandés sont confidentiels et qu'il a le devoir de ne pas les rendre publics. Il doit le dire tout simplement, sans faire de pirouettes.

Certains autres renseignements touchent les aspects uniques qui dictent le créneau de l'entreprise et la démarquent de ses compétiteurs. Ces stratégies ne peuvent être dévoilées. L'interlocuteur doit dire « non » en invoquant les raisons. Cela est tout à fait acceptable et raisonnable. Il doit refuser de se laisser coincer dès que la première tentative du journaliste se produit, sinon au deuxième essai. Autrement, il se sentira acculé au mur et contraint de divulguer un secret de société.

12.10 ÉVITER LES TICS DU LANGAGE

Les pauses orales de la conversation quotidienne transmettent des messages négatifs pendant les entrevues à la radio et à la télévision. Le « euh » à répétition donnera l'impression que l'interlocuteur est incertain, qu'il est confus ou qu'il cherche un argument dont il n'est pas convaincu. Le « disons que » laissera des doutes quant à la conviction de l'interlocuteur.

Certaines autres expressions irritent lorsqu'elles sont répétées. Par exemple, l'usage des termes « écoutez », « voyez-vous » et « n'est-ce pas » risque d'offenser les auditeurs car ces expressions suggèrent que l'interlocuteur détient le monopole de la raison.

Il est souhaitable que la courte pause que vous recherchez soit un silence plutôt qu'un des termes ci-dessus ou d'autres, certains adverbes, tels « effectivement », « très certainement » et « définitivement ».

La simulation d'une entrevue donne à l'interlocuteur l'occasion de prendre conscience de ces réflexes naturels et de se corriger.

CHAPITRE 13

L'apparence et le visuel

13.1 OBJECTIF

Les apparences peuvent paraître trompeuses, en images vidéo et fixes. Le porte-parole qui ne soigne pas son apparence pour une interview le fait au risque d'être mal perçu par les téléspectateurs de la télévision, les surfeurs sur Internet et les lecteurs des imprimés. Dans ce chapitre, on verra pourquoi l'interlocuteur doit soigner son apparence, surveiller son ton de voix, son langage non verbal et son attitude et redoubler de confiance. Tous ces traits de l'image sont captés instinctivement par le public.

13.2 L'APPARENCE

L'apparence est devenue un vrai sujet, traité par les télévisions, les blogues et les quotidiens les plus sérieux. Les candidats à un scrutin le savent bien. De plus, l'évaluation de l'apparence est traditionnellement différente chez les femmes. Pour les hommes et les femmes, les traits visuels influenceront l'opinion du public beaucoup plus que le contenu du message. Par exemple, au début de son premier mandat, Stephen Harper a fait l'objet des risées des journalistes qui l'avaient photographié au Calgary Stampede avec un chapeau de cowboy et un veston qui le montrait bedonnant. La photo a été reprise dans tous les quotidiens du pays et a fait l'objet de nouvelles télévisuelles. Le premier ministre ne soignait pas son apparence et ses consultants en image ont dû y voir.

Selon le psychologue américain Albert Mehrabian, l'importance relative du message audiovisuel se répartit en trois volets : les téléspectateurs accordent 55 % de valeur aux traits verbaux, 38 % au ton de la voix et au comportement et 7 % seulement au contenu[1]. Selon Benoît Bazoge, professeur de stratégie, responsabilité sociale et environnementale à l'UQAM, l'apprentissage se fait à 80 % par la vision[2].

À la radio, les auditeurs donnent plus d'importance au ton de la voix qu'au contenu du message.

Quelles sont les mesures à prendre pour rendre son message crédible ? Voici quelques conseils.

13.3 LA COMMUNICATION VERBALE À LA RADIO ET À LA TÉLÉVISION

Le porte-parole doit s'imaginer qu'il dialogue avec une personne de l'auditoire, comme s'il se trouvait à la table de sa cuisine. Il devra se comporter de façon informelle, comme s'il dialoguait intimement avec son interlocuteur, en évitant de s'imaginer que l'auditoire n'a pas de visage ni de personnalité.

Le ton de la voix devrait être énergique, doux et amical.

Il sera poli mais d'un ton affirmatif qui démontre de la confiance dans les propos qu'il tient.

Il devra répondre brièvement par de courtes phrases simples.

Enfin, des mots d'hésitations comme « euh », « hum », « voyez-vous » sont à éviter. Le silence a meilleure résonance dans ce cas.

13.4 D'AUTRES CONSEILS

Le débit est à surveiller. Le porte-parole qui parle trop vite tout le temps rendra son auditoire frustré et donnera l'impression qu'il est incertain ou qu'il est pressé. Vaut mieux varier son débit afin de rendre ses propos plus intéressants.

---

1.   Recherche du professeur Mehrabian, publié dans son ouvrage *Silent Messages : Implicit Communication of Emotions and Attittudes* en 1980.
2.   Conférence du professeur Bazoge sur la satisfaction des clients, donnée au Forum financier, Montréal le 7 mai 2002.

On peut éviter de paraître monotone en pesant certains mots d'une phrase, ce qui rend le débit plus rythmique.

Prenez une pause avant ou après avoir énoncé un message important.

Servez-vous d'un langage simple de tous les jours et vous serez compris. Évitez le jargon de votre profession, les termes bureaucratiques et le vocabulaire technique. Si vous devez vous servir d'un terme technique, expliquez-le en mots simples.

Projetez une voix énergique jusqu'à la fin de votre intervention.

Prononcez chaque mot clairement.

C'est en simulant des entrevues avec ses pairs ou avec les spécialistes du service de communication de l'entreprise et en s'enregistrant pour s'autoévaluer que l'interlocuteur parviendra à moyen terme à améliorer ses prestations avec les médias.

13.5   LA COMMUNICATION NON VERBALE À LA TÉLÉVISION

La posture, l'expression du visage et l'apparence sont trois indices d'une communication non verbale qui exprime ou non l'ouverture, le confort et l'aise. En vous assoyant droit comme une clôture, vous venez d'ériger une barrière entre vous et votre public. En faisant la girouette avec votre tête, vous paraîtrez nerveux et faux-fuyant. En portant un grand sourire lors d'une discussion sur un événement tragique, vous serez perçu comme étant cruel et insensible. En vous mordant les lèvres pendant un moment drôle, vous donnerez l'apparence d'un type qui se prend trop au sérieux.

Pour la posture, il est important de s'asseoir les épaules détendues et non relevées, le dos droit et la tête droite, en évitant de se pencher à gauche ou à droite. Le porte-parole masculin devrait s'asseoir sur la queue de son veston et laisser celui-ci déboutonné. Il peut garder les pieds plats au sol ou bien se croiser la jambe aux genoux en direction de l'interlocuteur. Il déposera ses coudes légèrement sur les bras de la chaise en évitant de s'accouder sur un bras. Il évitera de serrer ses deux mains ensemble ou de se croiser les bras pour ne pas avoir l'air sévère et inquiet.

Les expressions du visage sont également importantes. Un visage animé apparie vos sentiments à vos propos. Vous soulèverez vos sourcils et décontracterez votre visage. Vous sourirez aux moments opportuns. Vous ménagerez vos gestes pour ne pas distraire.

Vous fixerez toujours votre interlocuteur d'un regard charmant. Si vous parlez directement à la caméra, vous fixerez votre regard directement sur la lentille pendant que l'interlocuteur vous pose la question et pendant que vous y répondrez.

L'habillement doit être sobre afin de ne pas distraire l'auditoire. Règle générale, l'habillement de l'interlocuteur se fait en fonction de sa profession. L'avocat et le PDG porteront un complet ; le médecin, le vétérinaire, l'infirmière et le scientifique porteront un sarrau ; le fermier des salopettes ; l'artiste une chemise sport ; l'athlète, le costume de l'équipe qu'il représente.

Le porte-parole masculin évitera de porter un habit de couleur noir car, selon les experts de l'image, cette couleur démontre un manque de confiance. Il faut éviter les couleurs et les styles criants. Le bleu marin est le plus approprié sauf pour ceux qui ont le teint pâle et les cheveux blonds. Dans ce cas, le gris foncé est plus de mise. Les chemises rayées donnent un effet moiré à la télévision. Vous choisirez une couleur unie, préférablement un bleu pâle qui est plus doux au teint avec une cravate foncée, comme bourgogne, ou une chemise blanche et une cravate rouge, pas trop voyante. Le porte-parole chauve devra être poudré par la maquilleuse pour éviter tous les reflets. À éviter : la pochette de soie !

La porte-parole portera de préférence un blouson voyant et une jupe foncée ou bien une robe bien taillée. Les jupes courtes sont à éviter. Des bijoux colorés donnent une allure de confiance. La blouse blanche portée sans blouson est déconseillée. La porte-parole doit s'assurer d'avoir les cheveux dégagés du visage. À éviter : l'écharpe qui fait trop chic et les bijoux trop sonnants !

Le porte-parole qui porte des verres évitera de porter des demi-verres pour la lecture et s'assurera qu'ils sont bien en place et ne glissent pas sur son nez.

Celui ou celle qui porte des perçages sur le visage ou qui a l'habitude d'une chevelure éparse ne changera rien à son allure. Ce n'est pas le moment de porter une cravate ou une jupe pour ceux et celles qui ne l'ont jamais portée ! C'est comme ça qu'on vous connaît, un point c'est tout !

13.6   LA MISE EN VALEUR DE SES COULEURS

Dans le cas d'entrevues sur les lieux de l'organisme, l'interlocuteur doit mettre en valeur l'image de marque de l'entreprise en fond de scène. C'est un incontournable pour les entrevues qui passeront à la télévision et lorsqu'un photographe se présente avec le journaliste. De plus, tous les types de médias affichent les nouvelles sur leur site Web, alors il faut présumer que la vôtre s'y trouvera.

Dans le cas d'une conférence de presse sur les lieux de l'organisme, le logo de l'entreprise doit figurer en fond de scène derrière la table réunissant les porte-parole et devant le podium où se présenteront à tour de rôle les conférenciers.

À l'intérieur, on choisira un bureau, une salle de conférence où l'on aura pris soin d'installer le logo derrière la chaise de l'interlocuteur. À l'extérieur, on insistera pour que l'entrevue se déroule devant le siège social ou devant l'enseigne de l'entreprise près de la rue.

CHAPITRE 14

Les pièges et les questions difficiles

14.1 OBJECTIF

Comme tout professionnel, le journaliste connaît des trucs et des astuces pour soutirer des renseignements de ses interlocuteurs. Il a fait sa recherche. Il a accumulé des faits qu'il doit vérifier. Il a dans son cahier ou dans sa tête une série de questions pour lesquelles il a besoin de réponses. Il y parviendra par diverses formulations d'une même question. S'il n'y arrive pas, il prendra des moyens détournés ou il ira chercher la réponse ailleurs, auprès d'une autre source.

Certaines questions peuvent ennuyer le porte-parole, le distraire, le rendre hésitant ou lui faire perdre sa confiance. Avant de répondre à la question, il peut gagner un peu de temps pour mettre de l'ordre dans ses idées soit en répétant la question dans ses propres mots, soit en prenant une pause de quelques secondes.

L'interlocuteur idéal se présentera devant les caméras sans prétention, en étant lui-même et en évitant de se prendre pour un génie ou pour une super personne.

Ce chapitre présente une série de questions difficiles et la façon d'y répondre ou de s'en sortir.

14.2 LA QUESTION TENDANCIEUSE

« Jusqu'à quel point les accusations portées contre votre entreprise ont-elles contribué à la baisse de votre chiffre d'affaires ? »

« D'abord, je regrette de ne pas être d'accord avec le sous-entendu de votre question. Les faits sont les suivants [...]. »

Il ne faut pas faire fi du sous-entendu de la question. Il vaut mieux y répondre de plein gré et poliment puis passer le message principal.

14.3 LA QUESTION PIÈGE

« Ne croyez-vous pas que votre entreprise a manqué de jugement ? »

« Je n'utiliserais pas ces termes. L'entreprise [...]. »

Il ne faut pas répéter les termes « manqué de jugement », ni le nier. Il vaut mieux réfuter le commentaire sans le répéter.

14.4 L'OPINION PERSONNELLE

« Qu'est-ce que vous en pensez personnellement ? »

« L'enjeu ne touche pas mon point vue personnel. L'enjeu est le suivant [...]. »

Le porte-parole représente l'entreprise et il ne doit pas tenir compte de son opinion personnelle. À moins, bien sûr, que l'enjeu porte sur le porte-parole lui-même.

14.5 L'OPINION DES AUTRES

« Pourquoi pensez-vous que votre concurrent a agi de la sorte ? »

« Vous devriez le lui demander. »

Il vaut mieux diriger la question au concurrent et s'en tenir aux motifs de l'entreprise que vous représentez.

14.6 JE NE SAIS PAS

« *Quel a été le pourcentage d'augmentation des suicides sur votre territoire depuis les cinq dernières années ?* »

« Je ne suis pas certain du chiffre exact. Je pourrais m'informer et vous donner la réponse plus tard. »

Vaut mieux ne pas deviner, admettre ne pas le savoir et offrir de trouver la réponse dans les plus brefs délais.

14.7 JE LE SAIS MAIS JE NE PEUX PAS LE DIRE

« *Quel a été le montant du dédommagement ?* »

« Je ne suis pas en mesure de vous divulguer ces renseignements parce que l'information est confidentielle […]. La question est devant les tribunaux […]. La question est très délicate […]. La question fait l'objet de négociations. »

Il vaut mieux donner la raison pour laquelle on ne peut pas y répondre.

14.8 LA QUESTION QUI COINCE

« *Allez-vous augmenter le prix de l'essence ou geler les prix à son niveau actuel ?* »

« Ni l'un ni l'autre. L'objectif de notre entreprise est de fournir un service et un produit de qualité. »

Mieux vaut ne pas discuter des options qui sont présentées et passer tout droit au message principal.

14.9 LA QUESTION HOSTILE

« *Par vos gestes, êtes-vous en train de casser le syndicat ?* »

« Pas du tout. Nous avons conclu une convention collective et les deux parties doivent la respecter. »

On ne gagne rien en répondant du tac au tac ou de façon émotive. Il vaut mieux rejeter la question du revers de la main sans la moindre hésitation.

14.10 LA QUESTION HOSTILE MAIS EN PARTIE VRAIE

« Pourquoi n'avez-vous pas respecté l'échéancier et avez-vous peur de perdre la face ? »

« Vous avez raison de dire que nous avons manqué le bateau. Cependant, nous avons réussi à nous entendre sur une nouvelle date pour reprendre les négociations. »

Dans ce cas, l'aveu est suivi rapidement d'une mesure corrective.

14.11 LA QUESTION QUI REVIENT

« Alors, dites-moi pourquoi vous refusez encore de donner une date précise ? »

« Je vous le répète, dès qu'une date sera décidée, nous la rendrons publique. Entretemps, il est inutile de me poser la question à nouveau. »

Il ne faut pas hésiter à répondre fermement, quitte à répéter le même message. Le journaliste qui persiste en posant la même question sous diverses formulations cherche à vous arracher une déclaration controversée ou à vous faire dire des choses qui lui donneraient une capsule d'information juteuse.

14.12 LA QUESTION VAGUE OU SANS ISSUE

« Parlez-moi du procédé de fabrication ? »

« Dites-moi d'abord ce qui vous intéresse particulièrement. »

Il s'agit tout simplement de demander au journaliste de préciser sa question. Autrement, profitez de l'occasion pour faire valoir l'aspect du procédé qui démarque votre entreprise.

14.13 LA QUESTION HYPOTHÉTIQUE

« Si vous gagnez la ronde de négociations avec le syndicat demain, quand allez-vous rappeler les travailleurs ? »

« Je ne suis pas en mesure de prédire les résultats des négociations. Négocions de bonne foi d'abord. »

Ne tombez pas dans le piège de la spéculation.

14.14 LA QUESTION À PLUSIEURS VOLETS

« *Quand allez-vous ouvrir à nouveau le chantier, combien de travailleurs seront mis à pied et quels types de travailleurs seront remerciés ?* »

« Vous me posez plusieurs questions. Je vais d'abord répondre à votre première question. »

Ne vous sentez pas obligé de répondre à toutes les questions. Choisissez celle qui répond le mieux au message positif que vous pouvez envoyer dans les circonstances.

14.15 LA QUESTION-CONSEIL

« *Quel conseil donneriez-vous à votre directeur pour résoudre le problème que vous venez de décrire ?* »

« Le directeur reçoit des avis de plusieurs personnes. L'entreprise a mis en place plusieurs mécanismes pour faire valoir des opinions. »

Il faut éviter de donner des conseils par l'entreprise des médias à moins que vous vous serviez de l'interview pour exercer des pressions parce que vous vous trouvez en position adverse.

14.16 LE OUI OU LE NON

« *Votre entreprise a-t-elle enfreint le règlement municipal ou non ?* »

« Oui, nous avons manqué à ce règlement (ou non, nous n'avons pas manqué à ce règlement) et je vais vous dire pourquoi […]. »

Il vaut mieux ne pas éviter la question et faire un aveu rapidement en donnant une explication valable.

14.17 LA QUESTION BIAISÉE OU AFFIRMATIVE

« *C'est presque impossible que vous ne le sachiez pas, n'est-ce pas ?* »

« Je suis étonné de votre point de vue. » Ou bien : « C'est clair que vous avez un point de vue bien arrêté sur cette question. »

De cette manière, vous signalez au journaliste et à votre auditoire que vous connaissez le parti pris de ce dernier. Vous lui répondez sans monter le ton, sans paraître sur la défensive.

14.18 L'ATTITUDE CYNIQUE

« *Vraiment, allez-vous faire croire à votre clientèle que les choses se sont passées comme vous le dites ?* »

« Si vous me le permettez, je comprends mal votre cynisme. Pourriez-vous me l'expliquer ? »

Dans ce cas, vous avez raison de remettre en question son comportement de façon posée et sans paraître sur la défensive.

14.19 LA QUESTION MI-SÉRIEUSE

« *Êtes-vous en train de me dire que les poules n'ont pas de dents ?* »

« Vous avez le droit de me pas me prendre au sérieux. Cependant, plusieurs seront en désaccord avec vous. Le problème mérite d'être pris au sérieux. »

Vous avez raison ici également de remettre en question l'attitude du journaliste, de façon posée et sans paraître sur la défensive.

14.20 LA QUESTION INCITATIVE

« *Alors, la politique de l'entreprise vise à offrir un service à la clientèle qui en a le plus besoin, dites-vous ?* »

« Aviez-vous une question à poser avec ce commentaire ? »

Le journaliste cherche à vous faire avouer une conclusion qu'il a lui-même tirée. Ce n'est pas une question et vous devez éviter de tomber dans son piège.

14.21 LES INTERRUPTIONS SANS FIN

« *Mais vous disiez que […]. Permettez que je pose la question différemment […].* »

Il vaut mieux laisser passer la première interruption lors d'une interview. À la fin de la suivante, vous pouvez dire :

« Permettez-moi d'aller au fond de ma pensée parce que le sujet est très important. »

Vous devez signaler au journaliste très tôt pendant l'interview que vous ne tolérez pas les interruptions. Il sera moins porté à en faire au cours du reste de l'interview. Il est inutile de tenter de parler pendant qu'il vous interrompt.

14.22 LA QUESTION INATTENDUE

« *Dans ce cas, dites-moi pourquoi vous avez claqué la porte de l'entreprise ?* »

« Il s'agit bien sûr d'un événement délicat qui n'a aucun rapport avec le sujet que nous discutons. »

Ne mordez pas au piège car le journaliste tente de vous distraire.

14.23 LA QUESTION HORS CONTEXTE

« *Laissons tomber pour le moment la question des augmentations tarifaires. Quelles pressions exercent vos concurrents de l'Amérique du Sud ?* »

« Nous avons convenu de traiter ensemble de la question des augmentations tarifaires. Nos concurrents n'ont rien à voir avec les tarifs. Je crois que nous devrions nous en ternir au sujet convenu. »

Ramenez le journaliste à l'ordre tout bonnement.

14.24 LA QUESTION BÊTE

« *Êtes-vous une personne froide ?* »

« Non. Pourquoi me posez-vous cette question ? »

La question mérite une réponse très brève et vous y répondez sans vous sentir offusqué.

14.25 LA QUESTION MÉCHANTE

« *Ne démontrez-vous pas encore une fois que vous mentez à vos actionnaires ?* »

« Bien que je vous respecte, je ne peux accepter votre question. »

Ne vous laissez pas piéger. Répondez avec respect sans paraître sur la défensive.

14.26 LA CHASSE AUX SORCIÈRES

« *Si vous échouez dans vos négociations ? Si le syndicat revient avec de nouvelles demandes ? Si la société mère décide que c'est assez ? Si…?* »

« Auriez-vous l'obligeance de me dire où vous voulez en venir avec vos questions ? »

Ne vous laissez pas piéger et ne répondez à aucune des questions qui sont toutes hypothétiques.

14.27 LA DEMANDE D'ASSURANCE

« *Êtes-vous en mesure d'assurer le public que des erreurs de ce genre ne se reproduiront pas à l'avenir ?* »

« Non. Cependant, je peux vous assurer que nous mettrons en place des mesures pour éviter que ces erreurs se produisent à l'avenir. »

Répondez honnêtement en rassurant le public que des mesures correctives ont été mises en place.

14.28 LA CLARIFICATION IGNORÉE

« *Êtes-vous toujours d'avis que les normes de sécurité au Canada sont trop souples par rapport aux normes américaines ?* »

« Permettez que je le répète. La frontière canado-américaine est munie de toutes les mesures sécuritaires possibles et le gouvernement américain a confiance dans les systèmes de défense canadiens. Je regrette que vous vous acharniez à une déclaration inexacte de ma part que j'ai corrigée il y a plusieurs semaines. »

Toute déclaration qui porte à confusion doit être suivie d'une clarification par voix officielle, comme un communiqué de presse, afin que les médias puissent corriger leurs archives. Autrement, les propos inexacts pourraient hanter le porte-parole.

14.29 QUAND LA CONFÉRENCE DE PRESSE RISQUE DE DÉRAPER

Tous les événements portent des éléments de risque, parfois de naufrage. Une conférence de presse peut également risquer le dérapage par les journalistes mais, dans la plupart des cas, le communicateur d'expérience en aura vent par sa lecture des événements ou par un préavis d'un reporter qui l'aurait prévenu.

Que faire et comment rester maître de l'événement ?

Lors de tout événement, l'animateur suivra un scénario qui prévoit une période de questions réservée aux journalistes. C'est à la période de questions que le dérapage pourrait avoir lieu. Le porte-parole voudra traiter de l'événement qui fait l'objet de la nouvelle tandis les journalistes voudront poser des questions pointus sur des sujets qui concernent le porte-parole et son entreprise et qui ne sont pas liées au sujet de l'heure. L'animateur prendra soin d'établir les règles de l'ordre : les questions touchant l'événement d'abord, puis les questions non reliées à l'événement. Une meilleure stratégie serait de recevoir les autres questions en point de presse à part afin de clore l'objet de la conférence de presse.

Les relationnistes de la Ville de Montréal ont eu peine à contenir la crise de «l'affaire Zampino» en mars et avril 2009 au sujet du consortium GÉNIeau qui avait décroché un grand contrat de mise en œuvre de compteurs d'eau. Frank Zampino était vice-président exécutif de la Ville lorsque le contrat avait été attribué, puis il avait quitté ses fonctions pour occuper le poste de vice-président chez Dessau, une des entreprises du consortium. À chaque conférence de presse pour annoncer de grands chantiers de construction, comme le Quartier des spectacles et l'échangeur Turcot, le maire a dû faire face à un barrage de questions portant, non sur les chantiers de construction, mais bien sur l'affaire Zampino et au sujet d'une panoplie de présumés conflits d'intérêts touchant cet individu.

CHAPITRE 15

Corriger les erreurs des médias

15.1 OBJECTIF

Les journalistes sont humains et peuvent faire des erreurs.

Un jour ou l'autre, la nouvelle qui renferme une erreur grave risquera de ternir la notoriété de votre entreprise et celle du porte-parole.

Ce chapitre présente des tactiques visant à corriger les erreurs sans brusquer les relations établies avec les journalistes.

15.2 QUAND CORRIGER L'ERREUR

Une fois l'interview imprimée ou diffusée, vous ou votre service de communication devez analyser la nouvelle sous toutes ses coutures afin d'y examiner les faits. .

L'interlocuteur qui juge que la nouvelle n'est pas factuelle ne doit pas réagir indûment. Il doit communiquer l'erreur avec politesse au journaliste, à son rédacteur ou à son réalisateur. Si l'erreur est importante, il doit demander une correction immédiate dans le prochain quotidien ou le prochain bloc de nouvelles. Si l'interlocuteur n'est toujours pas satisfait du résultat ou de la réponse reçue, il peut communiquer avec le rédacteur en chef ou le réalisateur en chef et donner suite par écrit.

Tous les types de médias conservent les nouvelles dans leurs archives et celles-ci sont numérisées. Les corrections seront notées dans ces archives de sorte que, si le journaliste doit s'en servir plus tard, il ne répétera pas l'erreur.

L'interlocuteur qui juge que la nouvelle est injuste, d'un ton peu flatteur peut l'exprimer par écrit au rédacteur ou au réalisateur en précisant les raisons, sans adopter un ton offensant. Il se peut qu'il ait droit à un meilleur traitement la fois suivante ou qu'on lui propose une page d'opinions pour clarifier son point de vue.

Il ne faut pas sous-estimer le poids de la nouvelle électronique et de la nouvelle numérique à cause de la rapidité de la diffusion et de la fréquence des bulletins de nouvelles. Une erreur grave doit être corrigée le plus rapidement possible afin d'éviter la répétition de l'erreur. L'auditeur se donne à peine quelques secondes pour saisir une nouvelle, qu'elle soit juste ou erronée.

L'interlocuteur qui juge que la nouvelle expose les faits correctement, mais qui n'aime pas l'approche ou le ton de la nouvelle, n'a rien à gagner en se plaignant.

De plus, il est inutile d'écarter à l'avenir toutes demandes du même journaliste ou du média, car une telle mesure privera l'interlocuteur d'un auditoire important.

Parfois, les journalistes sont contraints à faire leur *mea culpa* lorsqu'ils se sont trompés, après avoir diffusé une exclusivité qui n'en était pas une et déclenché par le fait même une enquête gouvernementale. C'est louable de garder un spécialiste de l'éthique à l'écart de tout soupçon et d'accepter sa version des faits comme étant la vérité. Cependant, comme pour toute nouvelle, une contre-vérification des faits s'impose. Le chroniqueur de *La Presse*, Yves Boisvert, a appris sa leçon lorsqu'il a accusé injustement la Régie des alcools, des courses et des jeux (RACJ) du Québec, dans un article de mai 2009, d'avoir tronqué une étude d'un professeur de l'École nationale d'administration publique sur les loteries vidéo. En fin de compte, l'étude avait été modifiée par des membres de son équipe, à son insu!

15.3 LA DÉSINFORMATION

Certains sujets méritent que le relationniste investisse plus de temps avec un journaliste pour éviter de mener à une conclusion simpliste ou à de la désinformation. Le consommateur risque alors de conclure rapidement et, ainsi, de se donner de faux espoirs tout en les partageant avec d'autres. Placer ainsi le public dans l'ambiguité de sens, voire la contradiction, conduit à du désengagement. Ce phénomène de désinformation se comprend alors comme une distorsion des faits et projette l'auditeur dans une forme de dissonance cognitive, c'est-à-dire une incohérence d'interprétation.

L'annonce de percées scientifiques, bien qu'il s'agisse de nouvelles intéressantes pour le reporteur et le consommateur, requiert beaucoup de doigté de toutes parts. Les universités, tout comme les entreprises pharmaceutiques, s'extasient devant la découverte d'une molécule ou d'une cellule « susceptible » de mener à l'éradication d'un fléau ou d'une maladie mortelle. En réalité, la découverte, très importante, n'est qu'une étape dans la longue quête de la compréhension de toute la dynamique de la genèse de la maladie ou du fléau.

Prenons le cas de l'arrêt cardiaque subi par l'Américaine Theresa Schiavo en 1990 et des dommages cérébraux irréversibles qui avaient mené à un diagnostic d'état végétatif persistant. Comment les grands quotidiens nord-américains ont-ils traité la condition neurologique de cette dame, ses comportements, son pronostic et le retrait éventuel des traitements médicaux ?

Désormais, ce ne sont plus les rédacteurs, ni les chroniqueurs qui surveillent l'exactitude des informations rapportées, mais bien des scientifiques. Dans ce cas précis, des chercheurs en bioéthique de Montréal et des experts universitaires ont examiné la couverture médiatique pour connaître l'exactitude et la nature des propos relevés dans les articles[1].

Après avoir analysé 1 141 articles de journaux sur une période de 15 ans, les chercheurs ont conclu que seul 1 % des articles recensés fournissaient une définition de « l'état végétatif persistant » de la patiente, une notion fondamentale pour bien comprendre l'enjeu. De plus, malgré que la condition médicale de madame Schiavo ne donnait aucun espoir de guérison, 21 % des articles affirmaient que sa condition s'améliorait. Enfin, les titres les plus communs portaient sur des questions de droit (31 %), de fin de vie (25 %) et de politique (22 %).

Les journalistes les plus sérieux peuvent parfois méconnaître des sujets complexes, vulgariser de façon trop simpliste de tels enjeux, laisser glisser leur partisannerie ou laisser planer un air de supériorité.

---

1. Article paru dans l'édition du 23 septembre 2008 de la revue scientifique *Neurology*, signé par l'équipe de bioéthiciens du Dr Éric Racine de l'Institut de recherche clinique de Montréal et d'experts de l'Université Stanford et de l'Université de la Colombie-Britannique. Les articles ont été tirés du *New York Times*, du *Washington Post*, du *Tampa Tribune* et du *St. Petersburg Times*.

Les critiques soulevées par les médias américains sur la qualité des soins de santé offerts à l'actrice Natasha Richardson, décédée après un accident à la station de ski Mont-Tremblant en mars 2009, ont forcé le gouvernement du Québec à demander à un réseau, CNN en l'occurrence, de corriger un reportage. Le journaliste, le populaire Dr Sanjay Gupta, avait avancé l'hypothèse que l'actrice aurait pu être sauvée si un hélicoptère médical avait assuré son transport au centre de traumatologie le plus près, suggérant que le système de santé québécois pourrait être responsable de la mort de l'actrice. Le reporteur avait ajouté au moins deux imprécisions : que le centre de traumatologie était à deux heures et demie de route du Mont-Tremblant alors que le parcours était de une heure quarante-cinq minutes, et qu'aucun porte-parole du gouvernement n'avait voulu commenter l'affaire, alors qu'aucun effort n'avait été fait. Le réseau CNN a dû corriger le tir le lendemain en présentant les choses de façon beaucoup plus nuancée, à la suite d'une plainte formelle envoyée par le ministre des Relations internationales. Plusieurs autres efforts de correction auraient dû être faits puisque, deux semaines plus tôt, un médecin de Chicago avait affirmé dans un éditorial repris par un grand nombre de quotidiens américains que les chances de survie de l'actrice auraient été bien meilleures si elle avait été dans un centre de ski américain ! Voilà l'importance de surveiller la presse dans le but de préserver autant que possible la réputation d'un système et l'image d'une province.

CHAPITRE 16

Les médias en temps de crise

16.1 OBJECTIF

Une crise dans une entreprise est souvent un événement imprévisible à caractère urgent, inquiétant et menaçant pour elle et ses publics. Puisque la crise est appelée à devenir publique, elle impose une prise de décision rapide afin d'atténuer les dommages potentiels.

Dans ce chapitre, on verra comment éviter une crise potentielle et comment y faire face lorsqu'elle prend l'entreprise au dépourvu.

16.2 LA FRÉQUENCE DES CRISES

La lecture des journaux et l'écoute des nouvelles télévisées portent à croire que la terre est en crise perpétuelle. Ce n'est probablement pas une illusion. Tôt ou tard, une entreprise ou un organisme sera frappé de plein fouet par une crise. Les crises sont en effet plus fréquentes et plus nombreuses de nos jours, par rapport aux décennies précédentes. Pourquoi?

D'abord, l'opinion publique est plus éveillée depuis la multiplication des groupes d'intérêts qui s'intéressent à tous les secteurs de la vie sociale, de l'économie et de l'environnement, à l'échelle internationale. Les consommateurs, plus éduqués et plus avertis, sont devenus plus méfiants de tous les dirigeants qui les entourent et plus sensibles à tout ce qui pourrait perturber leur bien-être personnel et collectif.

Ainsi, les médias sont plus à l'affût de ce phénomène et se font donc les porte-étendard de tous les agissements des citoyens et des dirigeants.

De plus, la mondialisation c'est pour tout le monde dorénavant et non plus réservé à l'élite industrielle et aux gouvernements. L'usine mondiale qu'est désormais la Chine est devenue une source personnelle d'inquiétude, non seulement à cause des pertes d'emplois massives dans le domaine manufacturier, mais surtout à cause des conséquences de l'insalubrité des aliments et des produits. On a qu'à penser au retrait de millions de jouets pour enfants et à la pâte dentifrice durant l'été 2007.

Les changements climatiques occasionnent de plus en plus d'imprévus sur tous les continents, semant la peur et parfois la terreur selon l'amplitude des catastrophes.

Enfin, d'un côté, les gouvernements se disent plus sévères envers les pollueurs et les agresseurs, tandis que, de l'autre, ils se rallient en groupes de G8, en trio nord-américain pour déréglementer plein de trucs techniques, au niveau de l'environnement et du commerce, par exemple, ce qui risque de choquer davantage des groupes de citoyens bien organisés. Cette contradiction ne peut qu'entraîner des crises de confiance.

16.3 L'ANATOMIE D'UNE CRISE

L'anatomie d'une crise est bien connue. La crise frappe toujours plus vite que prévu, toujours plus fort que prévu et dure toujours plus longtemps que prévu. À moins, bien sûr, que l'entreprise ne se soit dotée d'une stratégie de communication éprouvée en situation de crise. De plus, de par sa nature, la crise est toujours sensationnelle et représente une manne pour les médias.

Que la crise porte sur les relations de travail, un désastre naturel ou humain, une faillite technologique ou économique ou un scandale, le public est curieux de détails et les journalistes font des pieds et des mains pour dévoiler le moindre détail à partir de sources internes officielles ou non, de groupes d'intérêts et parfois des compétiteurs. C'est dans l'intérêt des médias de prolonger la durée d'une crise. Par leurs recherches, ils sont souvent déclencheurs de nouveaux éléments qui, malgré eux parfois, font des victimes.

16.4 LA GESTION D'UNE CRISE

Pourquoi la NASA a-t-elle pris plus de 24 heures avant de rendre compte de l'explosion de la navette spatiale 73 secondes après son départ en janvier 1986?

Pourquoi les consommateurs ont-ils boudé les produits Perrier pendant des mois après la découverte que son eau n'était pas gazéifiée naturellement, en 1990, tandis que les consommateurs ont gardé confiance en Tylenol après le retrait de son produit en octobre 1982?

La NASA n'avait pas de plan de crise. Perrier a décidé de jouer la carte du démenti. La société Johnson & Johnson a retiré volontairement son produit Tylenol des tablettes et a fait face à la musique immédiatement.

L'entreprise peut rarement prévenir une crise. Cependant, elle peut s'y préparer en mettant en place des stratégies de gestion de crise.

Obligatoirement, le plan de crise exige l'activation de la cellule de crise aussitôt que l'entreprise est mise au fait d'une telle éventualité. Les membres de la cellule sont principalement le PDG, les responsables des communications et du marketing, le spécialiste technique du secteur qui fait l'objet de la crise, le conseiller juridique et le responsable de la sécurité. Ce sont eux qui géreront le quotidien de la crise. Ils se choisiront un porte-parole unique qui répondra des agissements de l'entreprise devant tous les acteurs internes et externes, y compris les médias. En peu de temps, le groupe aura rassemblé suffisamment d'informations pour cerner le problème, préparer son message et révéler suffisamment de renseignements pour permettre une analyse plus poussée dans les 12 heures suivant la première déclaration.

La question la plus importante à régler sera le moment choisi pour rendre public le premier énoncé de l'entreprise. On n'a qu'à se rappeler l'échec de la NASA en 1986. On voudra éviter que le public tire des conclusions fondées sur des hypothèses avancées par les journalistes en attendant les faits.

Le réflexe le plus naturel en temps de crise est de se cacher en espérant que le problème se résorbe tout seul, ou bien d'attendre d'être assailli par les médias. Évidemment, ces gestes sont à déconseiller.

Sachez que les médias prendront connaissance de la crise d'une façon ou d'une autre. Si la sécurité publique est touchée, soyez certain que le public l'apprendra rapidement. La question qui se pose est la suivante : quelle version des faits voulez-vous que le public retienne au sujet de la crise qui sévit dans votre entreprise ? La vôtre, celle de tierces personnes ou la version d'un employé désaffecté ?

L'entreprise qui prend les devants dans les plus brefs délais attire immédiatement la sympathie de ses publics. Par cette approche dynamique, elle fait montre de transparence et de volonté d'aller au fond des choses.

De plus, l'entreprise prévoyante ne ménagera pas de ressources humaines pour se montrer disponible et faire preuve de transparence. Pour ce faire, elle établira un centre de gestion de crise d'où proviendra, par la bouche de spécialistes, de communicateurs et même du PDG, toute information susceptible d'éclairer le public et de garder une communication ouverte et constance avec les médias, le public, les partenaires et les groupes d'intérêt.

16.5 LE PREMIER GESTE PUBLIC

Qu'est-ce qu'on doit dire aux médias dès la première rencontre une fois que la crise est enclenchée ? Le porte-parole désigné, accompagné du spécialiste technique s'il y a lieu, se présentera devant les journalistes en conférence de presse ou en point de presse.

- D'abord, il établira les faits clairement et directement, tels qu'ils sont connus, sans chercher à décevoir par un jargon qui aura l'apparence de dissimuler la vérité.

- Il tiendra le haut du pavé en précisant sans hésitation que l'entreprise fait enquête pour trouver les causes de l'incident et les mesures correctives afin d'éviter que pareille crise ne se reproduise à l'avenir.

- Il fera un geste concret en exprimant des mots de sympathie pour toute personne touchée ou tout dommage matériel à de tierces parties.

- Il distribuera un communiqué de presse renfermant les points importants qui font l'objet de l'énoncé public.

- Il avisera le public que l'entreprise s'engage à fournir des rapports d'étapes ponctuels par la voix des médias et sur son site Web jusqu'à la résolution du problème.

À la manière des généraux qui font face à une attaque éventuelle, l'entreprise a préparé un scénario de la pire crise possible, elle a rassemblé les principaux acteurs, elle a planifié ses gestes, a procédé à un exercice de simulation, puis elle a validé les résultats.

L'entreprise prévoyante saura se tirer d'affaires dans une situation de crise afin de réduire au minimum les répercussions sur sa notoriété et son chiffre d'affaires.

16.6 LE CAS MAPLE LEAF

Si l'on doit reprocher quelques failles dans le plan des Aliments Maple Leaf, ce géant de l'alimentation de Toronto qui a fermé ses usines pour des raisons de contamination en août 2008, c'est d'abord que la gestion n'a pas sonné l'alarme elle-même le jour où l'Agence canadienne d'inspection des aliments a informé la société des résultats de tests de salubrité dans son usine de Toronto. Puis, le PDG a promis de rétablir son usine à une date précise alors que la reprise complète a eu lieu près de trois mois plus tard, à la mi-décembre 2008.

Cependant, la direction a reconnu dès les premières heures de l'annonce le sérieux problème que posait la présence de listériose dans les charcuteries de l'entreprise. De plus, elle a réagi rapidement en retirant les produits contaminés des tablettes d'épicerie et en convoquant les médias pour dresser un premier diagnostic du problème. Le PDG lui-même s'est présenté devant le public et les médias le premier jour et il l'a fait à répétition pendant des semaines. La société Maple Leaf a tenu le public informé de plusieurs façons : des conférences de presse ponctuelles, une page complète de publicité sous forme de lettre ouverte dans les quotidiens à trois reprises, une publicité à la télévision et à la radio par le PDG lui-même, une ligne téléphonique 1 800 et un site Web consacré uniquement au problème où le public pouvait trouver des mises à jour sur le retrait des produits, sur les mesures de décontamination et sur les étapes à compléter pour assainir son usine.

La société a jugé la crise si sérieuse qu'elle a désigné d'emblée son président, Michael McCain comme porte-parole. La manœuvre a bien servi les Aliments Maple Leaf. La contamination avait déjà touché plusieurs personnes qui en sont mortes. La société a dû comprendre que la situation ne pouvait pas s'aggraver davantage. Raison de plus de faire intervenir le PDG pour que tout le poids de son poste rassure les consommateurs à moyen et à long terme.

L'argumentaire de l'entreprise utilisé au cours de la crise en dit long sur ses valeurs et sur sa volonté de protéger la confiance avec ses clients. Chacune des communications était signée du président et chef de la direction. Voici la teneur de l'argumentaire principal[1] :

ARGUMENTATION DU PRÉSIDENT

RETRAIT DES ALIMENTS MAPLE LEAF

1. L'Agence canadienne d'inspection des aliments (ACIA) vient d'aviser notre entreprise de la présence de faibles niveaux de la Listeria monocytogènes dépistés sur trois produits.

2. Nous avons immédiatement annoncé un retrait volontaire de ces produits, en plus de 20 produits additionnels fabriqués à l'usine de la rue Bartor à Toronto.

3. Comme mesure de précaution supplémentaire, nous fermons temporairement cette usine pour réévaluer entièrement tous les aspects de nos procédures de sécurité alimentaire à cette usine.

4. L'Agence de la santé publique du Canada a déclaré qu'il n'y a pas de lien définitif entre les cas de Listéria signalés ou la personne décédée et un de nos produits.

5. Comme l'Agence ne peut écarter cette possibilité, nous avons choisi d'aller bien au-delà de ce que les autorités réglementaires nous demandent de faire.

6. Cette situation exige un haut degré de vigilance et nous allons collaborer entièrement avec l'ACIA et l'Agence de santé.

7. La sécurité alimentaire est au cœur de notre culture. Nos 15 000 employés sont engagés à satisfaire et à surpasser les normes obligatoires.

8. Nous regrettons profondément les conséquences du manquement en cause et nous nous engageons entièrement à restaurer votre confiance envers nous.

Puis, la société d'alimentation a diffusé deux autres communiqués sous forme de lettre ouverte du président et celui-ci s'est présenté en publicité télévisée le jour même sur les grands réseaux, reprenant chaque fois le même argumentaire et ajoutant les mesures prises pour corriger la situation.

Fait à noter de l'argumentaire et des textes des communiqués, le président a ménagé les termes utilisés pour transmettre des doléances aux victimes des

---

1. Tirés des trois communiqués émis par les Aliments Maple Leaf, les 23 et 30 août et le 16 septembre 2008 et des déclarations faites par le président les mêmes jours sous forme de publicité payée à la télévision.

produits contaminés ou à leurs proches. Il s'agit tout simplement d'une manœuvre visant à ne pas compromettre le risque de responsabilité civile au cas où les proches des victimes intentent des poursuites par la suite. Cependant, une fois la crise terminée et les recours collectifs conclus, il a évoqué dans un communiqué[2] « l'expérience tragique » dont ont souffert les consommateurs. Enfin, le président a marqué le premier anniversaire de la crise en publiant une page de publicité dans les quotidiens, évoquant le décès de 22 personnes et avouant que « les amis et membres de la famille de ces personnes ne l'oublieront jamais, tout comme nous tous d'ailleurs ».

Quel a été le bilan de la société une fois la crise terminée ?

D'abord, le géant torontois a payé cher cette crise, par ses ventes, ses frais de toutes sortes et sa valeur boursière. Cependant, ses produits se retrouvaient sur les tablettes à la fin de septembre 2008. Les chiffres portant sur les ventes des produits et les cotes boursières des mois suivants ont dégringolé mais douze mois plus tard, l'entreprise enregistrait un bénéfice net de 4,9 millions de dollars, par rapport à une perte nette de 9,4 millions un an auparavant. Enfin, Maple Leaf a conclu rapidement, en décembre 2008, des recours collectifs à l'amiable avec près de 5 000 personnes. Cette entente d'une valeur de 27 millions a mis fin aux poursuites intentées contre la société.

L'image des Aliments Maple Leaf ne devrait pas avoir été ternie, pour les raisons suivantes.

Le président a été bien conseillé. Il a été extrêmement prudent et mesuré dans ses déclarations. Il n'a jamais spéculé sur les causes de l'incident ou sur les conséquences à long terme. Il a donné l'heure juste en tout temps, accordant même aux médias de visiter les lieux lors des travaux d'assainissement. Il n'a blâmé personne autre que sa société, cherchant plutôt à cerner le problème, à le corriger et à admettre la source du problème lorsqu'elle a été dépistée. Il a préféré ne promettre aucune mesure qu'il ne pouvait respecter, par exemple sur le moment précis de la reprise de fabrication. Il s'est présenté à chaque point de presse avec des faits nets. Il a lui-même rendu publiques les mauvaises nouvelles, par exemple sur le retrait d'autres produits, par mesure de précaution. Enfin, le président a accepté l'entière responsabilité pour l'incident.

Bref, le président a suivi les règles de base d'une gestion de crise, de manière à atténuer les conséquences en matière de confiance avec ses nombreux publics et surtout avec les consommateurs.

---

2.   Communiqué du 18 décembre 2008 des Aliments Maple Leaf.

Dans l'ensemble, les médias ont suivi l'affaire quotidiennement et rarement un journaliste, un chroniqueur ou un éditorialiste a critiqué la société ou son président, à part « l'enquête publique » du *Toronto Star* le 8 novembre, réfutée par la société deux jours plus tard. La crise n'a pas été envenimée par des rumeurs, par des révélations ou par une exclusivité venant des médias. Les médias ont plutôt fait état des conséquences à la bourse et les Aliments Maple Leaf ont disparu du radar des journalistes jusqu'au jour où ces derniers ont été convoqués à la réouverture, le 15 décembre 2008, tous et chacun faisant leur topo dans l'usine, couverts de la tête au pied de vêtements aseptisés.

QUATRIÈME PARTIE

Des mesures d'appréciation

CHAPITRE 17

La surveillance des médias

17.1 OBJECTIF

Toute bonne pratique de communication qui se respecte doit, au fil de son évolution dans le temps, être évaluée. À quoi sert une pratique dont l'efficacité n'a pas été éprouvée ? À quoi riment des investissements importants en relations de presse si l'entreprise n'a pas mis en place des mesures d'évaluation du traitement de la nouvelle, du message perçu par diverses clientèles et des types de médias qui l'ont retenue ? De plus, tout organisme doit connaître ses droits au moment de faire appel aux instances qui dictent et surveillent les pratiques journalistiques. Enfin, le consommateur a ses humeurs et il importe de connaître ses états d'âme face à ce quatrième pouvoir.

Ce chapitre traite des moyens de surveiller la nouvelle et d'analyser les contenus, même ceux qui s'y trouvent sur des blogues personnels, et les moments propices pour réagir aux faussetés.

17.2 LA NOUVELLE DYNAMIQUE

Il y a peu de temps – disons, il y a moins de dix ans –, la surveillance des médias était faite manuellement tôt le matin par des commis qui feuilletaient les quotidiens, découpaient les articles d'intérêt pour les rassembler dans un cahier de presse et les livrer aux cadres et au service de communications de l'entreprise ou du ministère d'un gouvernement. Le cahier ne pouvait renfermer que les articles des quotidiens, parfois des hebdos et un nombre restreint de transcriptions de bulletin de nouvelles électroniques.

Aujourd'hui, la dynamique de la nouvelle a changé. Le mode a changé de l'imprimé d'abord à l'électronique et au numérique avant tout. Le cycle a été transformé d'une nouvelle apprise par la manchette du quotidien tôt le matin à une nouvelle qui surprend à la minute. Le journaliste n'est plus seul à donner des exclusivités. Le citoyen fait partie de l'équation à présent.

17.3   LES ENTREPRISES DE SURVEILLANCE

De plus, les sociétés qui offrent un service de surveillance le font en ligne. Ils sont abonnés à la plupart des services de nouvelles des quotidiens et des réseaux électroniques, ce qui leur donne accès à la version numérisée de tous les articles, de toutes les émissions de radio et de télévision. Leurs clients, la grande entreprise et les gouvernements particulièrement, leur confient des mots clés qui déterminent le choix des articles à surveiller. La surveillance se fait systématiquement pendant la nuit et au cours de la journée. Le cahier de presse est acheminé par Internet aussi tôt que 7 h chaque jour de la semaine. Aux gouvernements et dans les grandes sociétés, un cahier supplémentaire est parfois préparé avant midi car les médias, par leur service de nouvelles 24 heures sur le site Web ou les réseaux spécialisés, produisent des nouvelles sans arrêt.

Ce service de surveillance au Canada est entre les mains d'une poignée de sociétés, des courtiers en information. Certains services sont capables de surveiller 35 000 secteurs de nouvelles dans 5 000 quotidiens et publications numériques et d'indexer près de 80 000 articles dans une période de 24 heures.

Les entreprises de surveillance les plus connues sont CCN Matthews, Influence communication et Cision (Bowdens).

17.4   SURVEILLER, C'EST SURVIVRE

Pourquoi surveiller les médias? D'abord, les médias jouent un rôle de chien de garde à plusieurs niveaux pour les citoyens et les consommateurs de biens et de services. L'entreprise sait que ses moindres agissements sont surveillés non seulement par les médias mais également par un grand nombre de groupes de pression qui protègent les intérêts de groupes dans la société. L'entreprise doit savoir en tout temps ce qu'on dit d'elle afin de réagir rapidement pour garder la confiance de sa clientèle et pour éviter toute apparence de conflit ou de crise.

Puis, l'analyse du traitement des médias face à certains enjeux qui touchent l'entreprise l'aide à jauger les valeurs, le comportement et les changements de sa clientèle.

L'analyse des enjeux selon le point de vue des médias est devenue un élément essentiel de la formulation d'un plan de communication. Elle sert à refléter le contexte d'un enjeu et son évolution en vue d'une annonce, par exemple.

La surveillance des médias a atteint un sommet de pénétration et de précision pendant la campagne électorale du Québec en mars 2007. La société Influence communication de Montréal, en collaboration avec *La Presse*, a publié quotidiennement des mesures de popularité des chefs et des enjeux des partis politiques, tirés de tous les types de médias, analyses à l'appui.

Sur le plan international, Influence communication a pu mesurer le jour même de sa diffusion, le 15 juillet 2008, les images de l'interrogatoire d'Omar Khadr à Guantanamo Bay. La maison de surveillance a recensé 22 300 articles de cette nouvelle dans plus de 100 pays. Entre 9 h et midi, on comptait 430 reportages à la minute dans plus de 100 pays, soit plus de 77 400 reportages et près de 370 000 minutes de temps d'antenne. Le lendemain, la maison de surveillance avait recensé 3 423 nouveaux reportages ou mentions sur cette affaire entre 6 h et 14 h, et ce, dans plus de 140 pays. Imaginez l'importance de la banque de données de cette maison de surveillance et la précision de son logiciel, capable d'extraire rapidement les renseignements devant servir à l'analyse qui était publiée le soir même sur son site Internet et le lendemain matin dans de nombreux médias.

17.5 LES BLOGUES DANS TOUT ÇA

Comme on l'a dit à la section 2.8 de la seconde partie, aucune raison sociale n'échappe au regard des médias, des groupes d'intérêts, des gouvernements et du citoyen. L'entreprise qui veut évoluer avec honneur, faire des profits raisonnables et mériter quotidiennement la confiance de ses publics doit accepter qu'elle est surveillée de toutes parts et en tout temps.

Elle surveillera ce que l'on dit d'elle dans les médias, dans les débats parlementaires et municipaux. Elle ajoutera dorénavant ce qu'on dit à son sujet sur toutes sortes de sources provenant d'Internet, y compris les bloques de gens qui ont une certaine influence, comme les journalistes et les commentateurs et ceux qui s'amusent à émettre des opinions sur n'importe quoi.

Les réseaux sociaux ont changé la donne. Bien qu'ils soient un lieu de discussion générale, ces réseaux permettent que circulent les rumeurs, les opinions et les commentaires au sujet de tout et de rien, sans lignes directrices. Le potin le plus inusité au sujet du patron peut se retrouver sur le site de partage You Tube à l'insu du plus innocent. John Browne, le président sexagénaire britannique du numéro trois mondial de British Petroleum (BP), a été victime des tabloïds qui cherchaient, en 2006, à révéler ses relations avec un jeune Canadien. Les détails de sa vie privée lui ont coûté son départ prématuré, une prime de départ de 3,5 millions de livres (7,7 millions de dollars canadiens) et un plan de rémunération en actions qui aurait pu lui rapporter 12 millions de livres sterling.

Une photo compromettante d'un employé lors d'une fête au travail peut être affichée pendant la nuit sur Flickr.

Ces incidents ont le pouvoir de créer une situation de crise dans l'entreprise. Vaut mieux en prendre connaissance rapidement pour réagir judicieusement.

Comment? Le fournisseur de services de surveillance des médias saura scruter la toile efficacement. Sans ces moyens, le responsable des communications d'un organisme peut surveiller quotidiennement Internet par des mots clés programmés sur deux ou trois moteurs de recherche, tels Yahoo!, Google ou Dailymotion. Par exemple, Google actualités affiche les grands titres de plus de 4 500 sources d'actualités, dont 500 en langue française. L'entreprise peut regrouper et afficher les articles selon les thèmes et les pays qui l'intéressent. On peut même programmer le service pour recevoir des alertes qui touchent l'entreprise directement, par courriel ou par téléphone cellulaire.

L'important, c'est d'être vigilant et d'assurer une surveillance quotidienne, sept jours par semaine. Tout comme les médias d'information, les citoyens acharnés veillent au grain!

17.6 RÉAGIR OU NON?

Les propos tenus dans un bloque doivent être traités sérieusement de prime abord. Il peut s'agir d'une rumeur ou d'une opinion, comme il peut s'agir d'un fait. L'organisme ne peut se permettre de passer outre car, aussitôt qu'un média s'en empare, c'est le petit feu de paille qui devient un feu de forêt.

Le bloggeur cherche toujours des réactions et parfois des appuis de gens qui ont subi le même sort par le même organisme. Il faut être vigilant et suivre le déroulement du propos au cas où la boule de neige deviendrait trop grosse.

On vérifiera la source d'abord. Est-elle crédible? Est-elle connue de l'organisme et du public? S'agit-il d'un client désaffecté? D'un donateur qui n'est pas content? D'un patient qui a été mal diagnostiqué? On vérifiera les comptes, les banques de données et les demandes formulées au service à la clientèle.

Le seul soupçon d'une vérité partielle mérite une attention particulière et un avertissement le long de l'échelle hiérarchique.

Parfois, il suffira de communiquer directement avec la source pour en savoir davantage, pour écouter son point de vue. Ce simple moyen de communication peut éviter que la situation s'aggrave. Il pourrait même clore le conflit.

S'il s'agit d'un malentendu, il peut être réglé à l'amiable, sans plus. Dans ce cas, on exigera que le bloggeur clarifie ses propos dans son blogue suivant. S'il refuse, une requête judiciaire, comme une mise en demeure, pourrait suffire pour étouffer la flamme.

L'incident mérite l'attention de l'organisme et ce dernier s'engage à apporter un correctif par écrit et à le rendre public au besoin sur son site Web ou par voie de communiqué de presse. Les deux parties s'entendent que le cas est réglé.

L'incident a des chances de durer. On mesurera ses répercussions à court et à moyen terme sur l'organisme, ses publics et ses dirigeants. Au pis-aller, l'organisme activera son plan de crise comme on l'a vu au chapitre 9 de la troisième partie.

CHAPITRE 18

La mesure du tirage et de l'écoute

18.1 OBJECTIF

Le relationniste doit constamment jauger ses choix de médias en fonction de la portée de la nouvelle que l'entreprise cherchera à diffuser ou en fonction d'un message publicitaire qu'elle voudra acheter. Le tirage des imprimés et les cotes d'écoute des médias électroniques et les tarifs correspondants seront deux critères de sélection de ces médias. Ce chapitre présente les organismes qui se chargent de mesurer le tirage et les cotes d'écoute.

18.2 LES ORGANISMES

Survivre ou périr. Les médias jaugent leur popularité en fonction de diverses mesures qui dictent leur rentabilité et leur valeur au moyen des coûts de publicité. Plus un média jouit d'une bonne cote d'écoute, plus les tarifs de publicité seront élevés. Le même principe s'applique au lectorat des imprimés. Les audits des médias écrits et ceux des médias électroniques s'effectuent selon différentes mesures.

Les annonceurs et les agences de publicité consultent le répertoire du *Canadian Advertising Rates and Data* (CARD) pour connaître les tarifs publicitaires des médias. Ces tarifs sont basés sur les tirages et les cotes d'écoute de chacun des médias. CARD est une publication de la société Rogers.

La part de marché de chacun des médias fluctue d'une semaine à l'autre. Les facteurs suivants influencent le tirage des imprimés : la concurrence par rapport aux nouvelles à la une, la publicité et les campagnes de marketing. Les cotes d'écoute des stations de radio d'une même ville peuvent varier en fonction des émissions, du contenu musical et de la popularité des animateurs et des DJ. À la télévision, la fluctuation peut être causée par l'attrait des émissions, la qualité des nouvelles et la popularité des animateurs.

Quelles sont ces mesures qui déterminent le tirage et les cotes d'écoute et comment sont-elles vérifiées?

18.3 LE LECTORAT

Des organismes sans but lucratif, comme l'Audit Bureau of Circulation (ABC), l'Office de la distribution certifiée (ODC) et le Canadian Media Circulations Audit (CMCA) déterminent la distribution des imprimés au Canada. Leurs services fournissent aux annonceurs, aux agences de publicité et aux médias des données certifiées et des renseignements précis relatifs à leur tirage de manière à rendre les placements publicitaires plus efficaces pour qu'ils maximisent leurs revenus.

La vérification de tirage avantage surtout les annonceurs qui veulent la preuve que leur annonce sera vue par le nombre d'abonnés promis par le journal ou le périodique.

L'ABC est un organisme tripartite américain composé d'annonceurs, d'agences de publicité et d'éditeurs qui dessert les médias canadiens et compte des Canadiens à son conseil d'administration. Le CMCA a des objectifs identiques de vérifier, de valider et de rendre public le tirage des imprimés.

L'ODC est associé à la société Samson Bélair Deloitte et Touche, une firme de comptables, depuis sa mise sur pied en 1976 pour servir les médias québécois d'abord. Ses services sont offerts ailleurs au Canada maintenant.

Ces organismes vérifient les données sur les abonnements et les ventes des imprimés pour chacun de leurs membres.

L'organisme qui représente les hebdomadaires anglophones, la Canadian Community Newspapers Association (CCNA), a mis sur pied deux autres programmes de vérification de tirage pour ses membres afin d'aider à l'administration des journaux et au maintien de l'information de tirage plausible pour les annonceurs. Les programmes Verified Circulation – Paid et Verified Circulation – Controlled sont administrés par des comptables neutres pour le compte des acheteurs de publicité afin de vérifier que le tirage déclaré est honnête et fiable et que les journaux ont bien été livrés et payés par les lecteurs.

Certains annonceurs et certaines agences de publicité recherchent des données plus poussées sur les lecteurs des centres urbains. Dans ce cas, ils s'inspirent des analyses de recherche de la Newspaper Audience Databank (Nadbank), un autre organisme tripartite qui rassemble des représentants de 81 quotidiens, des agences de publicité et des annonceurs. La Nadbank recueille des données des abonnés à l'aide de questionnaires téléphoniques et postaux, données qui concernent non seulement la lecture mais également les habitudes d'écoute de tous les types de médias, Internet, le contenu, la fréquence et le temps consacré à la lecture, les modes de transport et les données démographiques.

La grande majorité des quotidiens, hebdomadaires et périodiques, sont membres de l'un ou l'autre de ces organismes.

18.4 LES COTES D'ÉCOUTE

Les médias électroniques ont aussi leurs spécialistes de la mesure de l'auditoire. BBM, par exemple, est un organisme sans but lucratif voué à la recherche sur les auditoires. Il a été fondé par l'Association canadienne des radiodiffuseurs et l'Association canadienne des annonceurs à titre de coopérative tripartite de l'industrie et produit des cotes d'écoute sur les auditoires de la télévision, de la radio et des médias interactifs.

La vérification des cotes d'écoute est plus difficile à obtenir que les tirages des imprimés. Comment BBM réussit-il à fournir des renseignements fiables pour les annonceurs et les agences de publicité?

Les sondages sont faits par la poste. Les répondants sont choisis au hasard, par téléphone et ont au préalable accepté d'y participer. Chaque répondant et chacun des membres du même foyer doivent remplir un cahier d'écoute personnalisé et inscrire son écoute de la radio ou de la télévision, selon le cas, pendant une période d'une semaine. Une personne du foyer agit en tant que personne-ressource pour BBM afin d'assurer un suivi des membres du foyer et afin que les sondages soient retournés au moment opportun.

Cependant, le calcul des cotes à partir des cahiers d'écoute pour la radio est maintenant révolu depuis que BBM se sert d'une nouvelle mesure, l'audiomètre. Cet appareil électronique, appelé Portable Panel Meter (PPM), est installé dans des foyers sélectionnés au cours d'une période d'écoute, pour la radio et la télévision. Pour la radio, il permet de détecter de minute en minute le contenu radiophonique auquel l'auditeur est exposé à la maison ou ailleurs. Donc, il peut dresser un portrait plus précis des habitudes d'écoute, aider les radiodiffuseurs à mieux comprendre les comportements des auditeurs en plus de les armer d'arguments sur les quotas musicaux que les stations francophones doivent respecter en raison des règlements du CRTC.

Les sondages pour la radio sont effectués quatre fois l'an et, pour la télévision, trois fois par année. Les résultats des sondages sur les émissions les plus regardées et écoutées, y compris les bulletins de nouvelles, sont rendus publics chaque semaine et peuvent être consultés en ligne.

18.5   LES VISITES SUR LES SITES WEB

Les médias s'intéressent particulièrement à leur public qui consulte de plus en plus leur site Internet, comme on l'a vu au deuxième chapitre de la première partie sur les TIC.

Les entreprises de mesure, telles que BBM et NADbank ont mis au point de nouveaux instruments pour capter les visites sur les sites Web des médias d'information. De nouvelles entreprises tel que comScore Media Metrix ont perfectionné des outils pour capter des nouveaux médias des mesures quantitatives précises telles les visites, mais également sur les comportements des consommateurs de nouvelles, leurs caractéristiques démographiques, leurs attitudes, leur style de vie et leurs préférences des supports numériques et technologiques.

CHAPITRE 19

Les organismes de surveillance

19.1 OBJECTIF

Un individu ou une personne morale qui se sent lésé par un média jouit de recours au Canada, par l'entremise soit d'un conseil de presse soit des organismes qui représentent les médias électroniques. Ce chapitre décrit chacun des organismes.

19.2 LES CONSEILS DE PRESSE

Les conseils de presse reçoivent des plaintes des médias écrits dans leur province. Ils représentent les quotidiens seulement.

L'Alberta, la Colombie-Britannique, les provinces maritimes, le Manitoba, l'Ontario et le Québec ont chacun un conseil de presse. La Saskatchewan n'en a pas.

Chaque conseil est un organisme privé sans but lucratif qui regroupe les médias écrits tels les quotidiens et les hebdomadaires. Le Conseil de presse de l'Ontario compte 221 médias, dont 38 quotidiens et 183 hebdos. Celui du Manitoba compte 3 quotidiens et 37 hebdos. Le Conseil de presse du Québec fait bande à part puisqu'il compte non seulement les quotidiens et les hebdos, mais également les associations professionnelles des journalistes, l'association des hebdos, les réseaux de télédiffusion comme la Société Radio-Canada et Télé-Québec et l'agence de presse CNW-Telbec.

La raison d'être du conseil de presse est de protéger la liberté de la presse et de défendre le droit du public à une information exacte, complète et de qualité. Les conseils doivent leur création à l'initiative conjointe des journalistes et des dirigeants des médias d'information. Des représentants du public y sont associés dans plusieurs cas. De plus, les conseils de presse sont des organismes à adhésion volontaire, indépendants des autorités gouvernementales, ce qui leur confère l'autonomie nécessaire à la réalisation de leur mission.

Le conseil a pour mandat de promouvoir le respect des plus hautes normes éthiques en matière de droits et de responsabilités de la presse. Son action s'étend à tous les médias d'information distribués ou diffusés dans la province, qu'ils soient membres ou non du conseil, qu'ils appartiennent à la presse écrite ou électronique.

L'objectif fondamental de chaque conseil reste donc d'assurer le droit à une information libre, honnête, véridique et complète sous toutes ses formes. Il a aussi pour fin principale la protection de la liberté de la presse, c'est-à-dire le droit pour toute la presse d'informer et de commenter, sans être menacée ou entravée dans l'exercice de ses fonctions par quelque pouvoir que ce soit. En aucune façon, le conseil n'est assimilé à un tribunal civil. Il se limite à jouer le rôle d'arbitre dans tout différend relatif à l'honnêteté et à l'exactitude de l'information, à son libre accès et à sa libre circulation.

Tout individu ou organisme, toute entreprise publique ou privée peut déposer une plainte auprès du conseil de presse de sa province en regard de présumés manquements à l'éthique journalistique dans la presse écrite ou électronique (radio, télévision, Internet), selon le cas. Ces manquements peuvent également concerner l'atteinte à la liberté de presse et au droit du public à l'information.

19.3 LES ORGANISMES DES MÉDIAS ÉLECTRONIQUES

Le **Conseil de la radiodiffusion et des télécommunications canadiennes** (CRTC) est l'organisme qui réglemente et supervise l'industrie de la radiodiffusion au Canada. Les plaintes portées au CRTC peuvent influencer le renouvellement du permis d'exploitation d'un poste de radio ou de télévision, soit en demandant un complément d'information, soit en refusant le permis.

Le **Conseil canadien des normes de la radiotélévision** (CCNR) est un organisme autonome sans but lucratif, établi par l'Association canadienne des radiodiffuseurs. Il compte environ 700 stations, services spécialisés et réseaux de télévision et de radio privés à travers le Canada, qui diffusent de la programmation en français, en anglais et dans d'autres langues.

Le CCNR est un organisme unique en son genre dans l'industrie de la radiodiffusion canadienne. Il s'occupe des plaintes et des questions du public concernant la programmation des radiotélédiffuseurs privés du Canada.

L'organisme a établi des codes portant sur la déontologie, la violence, la représentation équitable et les stéréotypes sexuels et sur l'indépendance journalistique. Par ces codes, les radiotélédiffuseurs privés s'engagent à respecter les intérêts et les sensibilités des gens qu'ils servent, tout en étant fidèles à leur responsabilité de préserver la liberté de l'industrie sur le plan créatif, éditorial et journalistique.

Un citoyen qui se sent lésé par ce qu'il a vu ou entendu sur les ondes peut porter plainte à cet organisme.

19.4 LE PROTECTEUR DU CITOYEN PARMI LES MÉDIAS

La Société Radio-Canada et la CBC ont créé un poste de protecteur du citoyen pour recevoir des plaintes et y répondre plus rapidement. Cette société examine les plaintes en fonction des normes et des pratiques journalistiques établies par les conseils et de celles qu'elles ont mises en place à l'interne.

CHAPITRE 20

La confiance du public envers les médias

20.1 OBJECTIF

Comment les Canadiens se servent-ils des médias d'information ? Qu'est-ce qu'ils en pensent ? Les trouvent-ils objectifs ? Plusieurs sondages d'opinion publique menés entre 2004 et 2009 peuvent offrir au relationniste une meilleure appréciation de la perception relative des consommateurs face aux médias d'information.

Un comité du Sénat a commandé un sondage national en mars 2005 pour son étude sur l'état des médias d'information au Canada. Les résultats ont été comparés à un sondage analogue réalisé par le Consortium canadien de recherche sur les médias (CCRM) en juin 2004. Enfin, une étude des perceptions de l'équité des informations politiques menée par le CCRM complète l'analyse de la confiance du public envers les médias.

20.2 L'ACCÈS AUX MÉDIAS D'INFORMATION

Très peu de Canadiens n'auraient pas accès à au moins une source de médias d'information. En effet, selon les données de Statistique Canada, 1 % des 12,8 millions de ménages au Canada ne possédaient pas de téléviseur en 2007[1].

---

1. Statistique Canada, tableau 203-0020, Enquête sur les dépenses des ménages, Statistique Canada, base de données CANSIM.

Les données de 2007 de Statistique Canada révèlent que 73 % des ménages comptaient au moins un membre de 16 ans et plus utilisant régulièrement Internet, à domicile, au travail, à l'école, dans une bibliothèque ou en un autre endroit. L'utilisation d'Internet à domicile est la plus fréquente. Les ménages à faible revenu affichent la plus forte croissance de branchement à Internet. En janvier 2009, la pénétration d'Internet se situait à 73 % au Canada et à 69 % au Québec[2]. De plus, 74,6 % des Québécois avaient une adresse de courriel.

Le taux de pénétration du téléphone cellulaire aurait dépassé 71 % pour l'ensemble du pays à la fin de 2007, selon l'Association canadienne des télé-communications sans fil et Statistique Canada.

Selon une étude de la société ComBase en 2006, pour le compte des hebdomadaires, 74 % des adultes canadiens lisent un hebdomadaire chaque semaine. Selon l'étude de Nadbank, en 2006 également, 51 % des adultes consacrent une moyenne de 47 minutes à lire un quotidien chaque jour et 88 minutes un journal de fin de semaine. Au cours d'une semaine, 72 % des adultes ont lu au moins un quotidien.

Le sondage de NETendances sur l'évolution et l'utilisation d'Internet au Québec, réalisé en 2008[3], révèle que le tiers des Québécois (1,7 million sur 4,4 millions) accèdent à la Toile grâce à des appareils mobiles.

20.3 LA SOURCE D'INFORMATION

En janvier 2009[4], SOM-Branchez-vous.com a mené un sondage auprès de 923 internautes québébois de plus de 18 ans pour connaître le média utilisé le plus souvent comme source d'information. La télévision a été le choix prin-cipal pour 41,2 % des participants, suivi d'Internet pour 29,9 % d'entre eux, puis les journaux, 18,7 % et enfin la radio, 10,3 %. Ce sont les 24 à 34 ans qui consultent le plus Internet pour s'informer tandis que les 55 ans et plus s'ins-pirent davantage de la télévision et des journaux. Par contre, le sondage Nanos de la fin de mai 2009 révélait que 48,2 % des Canadiens s'informaient en

---

2.   Internet World Stats (2007) et sondage de Léger marketing réalisé en 2007 pour le Centre franco-phone d'informatisaton des organisations (CEFRIO).

3.   Ce sondage, mené par le CEFRIO et Léger marketing en 2008, est basé sur 12 150 entrevues télé-phoniques. La marge d'erreur des résultats mensuels (un minimum de 1 000 entrevues par mois) est de plus ou moins 3,1 %, 19 fois sur 20.

4.   La firme de sondage Som et le site Branchez-vous.com ont réalisé le sondage entre le 26 janvier et le 3 février 2009. Sa marge d'erreur est de 4,5 %, 19 fois sur 20.

regardant les nouvelles télévisées, 20,6 % en lisant un journal, 14,9 % en écoutant la radio et 13,8 % en consultant le Web. Même auprès des 18 à 29 ans, la télévision était deux fois plus populaire qu'Internet.

Cependant, près de la moitié des répondants font peu ou pas confiance aux informations diffusées sur Internet tandis que sept répondants sur dix font très ou assez confiance aux informations dans les journaux, à la radio et à la télévision.

Une des conclusions tirées de ce sondage indique clairement qu'Internet n'a pas encore atteint le niveau de crédibilité des médias traditionnels.

Un sondage national de la firme Les Asssociés de recherche Ekos, mené en mars 2005, démontre que la télévision constitue la principale source d'information et d'actualités des Canadiens, peu importe le type d'information et d'actualité, c'est-à-dire que l'information soit nationale, internationale, régionale et provinciale, ou locale. Dans l'ensemble, 60 % des Canadiens prennent leur information de la télévision, 17 % des journaux, 12 % de la radio et 11 % sur Internet. Les journaux sont une source d'information importante pour les nouvelles locales et régionales pour 27 % des répondants. La force d'Internet se situe au niveau de l'actualité internationale pour 18 % des Canadiens.

La télévision est de très loin la principale source d'information pour tous les groupes d'âges, mais particulièrement pour les 65 ans et plus. Internet vient au premier rang chez les jeunes de moins de 25 ans.

Chez les moins de 25 ans, 14 % consultent les sites d'information sur Internet plus d'une fois par jour, tandis que, chez les 25 à 44 ans, 16 % d'entre eux le consultent au moins une fois par jour.

La majorité des Canadiens anglophones, soit plus de 70 %, écoutent les journaux télévisés des trois principaux réseaux canadiens de langue anglaise, CBC, CTV et Global. De même, la majorité des francophones, soit 80 %, écoutent les journaux télévisés des principaux réseaux de langue française, SRC et TVA.

20.4 LE TRAITEMENT DE L'INFORMATION

Les Canadiens trouvent que l'information diffusée par les médias est plus équilibrée à la télévision (61 %) qu'à la radio (57 %), que dans les revues (53 %) et que sur Internet (51 %). Les journaux obtiennent la pire cote avec seulement 44 % des répondants qui jugent que ce média offre une information équilibrée.

Les Canadiens trouvent que l'information diffusée est plus équitable à la télévision (61 %) qu'à la radio et dans les périodiques (56 %) et que sur Internet (54 %). Les journaux sont considérés équitables par 49 % des répondants.

Est-ce que l'information diffusée par les médias est exacte ? Près de 60 % croient que c'est le cas, surtout pour la télévision (63 %) et un peu moins pour Internet (53 %).

Est-ce que l'information diffusée par les médias est complète ? La moitié des répondants pensent que oui, bien que 23 % jugent que ce n'est pas le cas pour les journaux et la radio.

20.5 LA CONFIANCE DANS LES SOURCES D'INFORMATION ET LES JOURNALISTES

Les sources d'informations qui inspirent le plus confiance sont les suivantes : pour les informations locales, régionales et internationales, les consommateurs font d'abord confiance à la télévision, puis aux journaux et enfin à la radio. Dans le cas des informations nationales, l'ordre change et Internet dépasse la radio comme troisième source d'information qui inspire la confiance.

La qualité de l'information diffusée par tous les réseaux de télévision est considérée bonne par 80 % des répondants, en moyenne. CBC obtenait la cote la plus élevée, 85 % et Global la moins élevée, 76 %. Chez les francophones, on observe une cote élevée pour la SRC, 85 %, tandis que TQS a la cote la plus basse, 68 %.

La moitié des répondants jugent que la qualité de l'information diffusée par les médias n'a pas changé. C'est le cas pour tous les groupes d'âge, sauf que les moins de 25 ans sont plus nombreux, 59 %, à se prononcer ainsi. Moins de 20 % croient que la qualité s'est détériorée et 32 % trouvent qu'elle s'est améliorée.

Enfin, près de la moitié des répondants en Colombie-Britannique, en Alberta, en Saskatchewan, au Manitoba et en Ontario font confiance aux journalistes et aux membres de la presse. La cote est plus élevée au Québec, 59 %, et dans les provinces maritimes, 57 %. C'est en Alberta que les Canadiens ont le moins confiance dans cette profession, soit 22 % des répondants.

Un sondage plus récent[5], réalisé par CROP, *La Presse*, Télé Québec et l'Acfas en septembre 2008, indique que 59 % des répondants font confiance aux médias, loin derrière la confiance du public envers les professeurs (93 %) et les médecins (91 %) mais bien avant les politiciens (20 %).

20.6 L'ÉQUITÉ DE L'INFORMATION

Quelle importance accordent le public, les parlementaires et les journalistes à l'exactitude, à l'équilibre et à l'impartialité dans le reportage équitable ? Il semble que le public et les parlementaires soient sur la même longueur d'onde et que les journalistes sont loin de l'opinion publique sur cette question.

D'abord, pour les parlementaires canadiens et les journalistes, l'équité est perçue comme la présentation de tous les points de vue de façon équitable alors que l'impartialité est perçue comme l'absence de parti pris dans le ton et le choix des informations.

Seulement 16 % des députés estiment que la plupart des comptes rendus des journalistes sur les questions parlementaires présentent les événements de façon équitable ; par contre, 44 % des journalistes sont de cet avis.

Plus de 60 % des députés estiment que les médias au Canada ont un préjugé politique ou partisan, mais la différence d'opinion n'est pas la même pour les parlementaires de langue anglaise (72 %) et ceux de langue française (27 %).

Neuf députés sur dix croient que les préférences politiques des journalistes influencent la façon dont ils rapportent les événements alors qu'environ le tiers des reporters reconnaissent que leurs comptes rendus sont parfois influencés par leurs opinions personnelles. Pour les députés, 43 % pensent que c'est souvent le cas contre seulement 6 % pour les journalistes.

---

5. Sondage réalisé auprès de 1 002 Québécois entre le 18 et 29 septembre 2008 lors du sondage omnibus CROP-express. Il est précis à trois points près, 19 fois sur 20.

Conclusion

Ce constat sur le contexte d'arrimage entre la technologie et la société dans lequel évolue le ou la « relationniste » interpelle une réflexion sur la problématique de la communication comme nouveau lieu d'action pour l'engagement des professionnels du domaine. Eh oui, le relationniste par la nature même de son rôle au niveau organisationnel, social et politique atteint un certain statut, comparable à celui de l'« intellectuel engagé ».

Mais qu'est-ce donc qu'un intellectuel engagé ?

Le concept d'intellectuel engagé est un concept évocateur, puissant et opérationnel quand nous analysons la situation contemporaine. Les différences politiques et culturelles dans notre société fournissent des exemples convaincants qui facilitent sa compréhension et son utilisation. Les travaux contemporains permettent de définir l'intellectuel engagé comme cette personne capable de conceptualiser, de définir et de rendre opératoires des raisons morales qui motivent et justifient l'action, l'intervention sociale et politique.

Le travail du relationniste se situe au croisement de ces responsabilités. C'est un intermédiaire, voire un facilitateur, entre différents secteurs de la sphère publique qui est à l'opposé de celui qui préserve constamment sa neutralité. Il se démarque par sa conviction, la force de rhétorique et la pertinence politique et morale face à l'action. En utilisant la sphère médiatique, que ce soit pour y réfléchir ou pour y introduire de nouvelles interprétations, il agit sur la pensée. Il se légitime, s'autorise par l'action. L'action précède la liberté. Comme le rappelle Hannah Arendt, l'**action** est la condition *sine qua non* de la liberté : pour être libre, il faut agir.

L'action interpelle le leadership des penseurs, des décideurs. Un excellent communicateur, qu'il soit dans les postes les plus élevés des entreprises publiques, privées ou parapubliques ou encore qu'il soit chercheur ou universitaire, peut exercer une influence certaine sur la pensée et le comportement humain qui pourra en découler. Aujourd'hui un critère d'embauche dans les plus hauts niveaux de responsabilité est l'habileté à communiquer[1]. Qu'on soit astronaute, pdg d'une grande entreprise, recteur d'une université, directeur des transports publics, chef des relations de travail ou chef de syndicat, l'habileté à communiquer se retrouve au même niveau d'importance que les qualités touchant les questions de compétences managériales et techniques. Cette habileté est évaluée dès l'embauche, au cours de l'exécution des objectifs fixés et dans le processus d'évaluation du rendement. L'acte à communiquer est un acte d'engagement.

Cette réflexion ainsi que le positionnement du relationniste présenté dans ce travail aident à préciser et à retenir son rôle face à l'engagement social : cela constitue un saut qualitatif de la profession à l'aube du XXIe siècle.

Nous avons dégagé les éléments qui expliquent cette transformation, en particulier l'influence de la technologie et, plus précisément, les mutations engendrées par le numérique, ce qui a conduit à des restructurations en profondeur au sein des médias traditionnels tout en exigeant de nouveaux savoir-faire dans les métiers actuels de la communication. Cette évolution est incontournable.

Depuis les trente dernières années, la communication comme discipline et comme espace professionnel sert de « matrice » ou de créneau privilégié à partir duquel plusieurs intervenants ont fait avancer les dossiers sociaux, politiques, scolaires et culturels, constituant ainsi un tremplin unique à titre de catalyseur de changement. Nous référons ici au terme de « communication » dans son sens large en incluant les industries médiatiques avec leurs concepteurs et leurs producteurs. La sphère médiatique est devenue le nouveau lieu d'action.

Les causes de ce phénomène sont nombreuses et leur complexité varie. Une des principales raisons est l'influence des multiples transformations idéologiques et institutionnelles à la suite de l'éclatement des cadres de référence habituels ainsi que de l'explosion de la communication comme nouvelle idéologie[2]. Un besoin de nouvelles valeurs à la base de l'agir social et individuel a fait basculer les références plutôt stables qui dominaient jusqu'aux années 1960. Un ensemble important de valeurs traditionnelles s'est disloqué. Cette

---

1.   Chanlat et Bédard 1990.
2.   Breton et Proulx 1989.

transition s'est produite sans toutefois proposer un système de représentations communes qui puisse devenir la structure de base fondamentale pour toute la population. Un vide s'est ainsi constitué, laissant place à une phase de détérioration marquée par une errance de la pensée et de l'action ainsi qu'à une forme de désengagement. Également, on remarque la faillite des idéologies politiques, devenues incapables de fournir les repères essentiels pour l'action et la définition de l'identité individuelle et collective. On peut parler d'une incapacité à assumer les défis d'une nouvelle forme de convergence sociale face au pluralisme.

C'est dans ce vivier d'expérimentations plus ou moins réussies que se sont produits plusieurs glissements vers la formation d'un nouveau lieu de pouvoir. L'émergence des nouvelles technologies de l'information et la remise en question des modes de régulation sociale vont faciliter l'instauration du pouvoir de la sphère médiatique. Le processus de légitimation des intervenants publics se fera désormais dans la sphère médiatique.

Pourquoi?

Parce que la communication offre la visibilité, la flexibilité, plusieurs formes de supports, une rapidité de diffusion ainsi qu'une vitesse d'accès. Elle permet l'expérimentation de l'interactivité, elle supporte l'anonymat tout comme le non-anonymat et s'inscrit dans la dominance d'une culture du visuel.

La sphère médiatique est un lieu d'expression paradoxal. Elle comporte une tension créatrice entre deux oppositions qui s'expriment de façon constante, soit celle du renforcement de l'inertie sociale et celle de catalyseur du changement. Pour cette raison, elle constitue un créneau privilégié pour l'engagement. On y retrouve des discours contradictoires qui semblent parfois s'annuler mais qui demeurent toutefois l'expression des tensions créatrices propres à notre postmodernité; d'un côté, il y a la tradition, de l'autre, il y a les tentatives, les hésitations dans les brèches pour enfin observer les prises de position radicales.

Partant de ce point, on voit le spécialiste de la communication détecter des formes de discours différents dans la société et prendre position : il dénoncera la discordance entre les discours officiels et les pratiques sociales. Face au changement permanent, à ses dynamiques propres et à ses dérapages parfois inévitables en période de transition, le besoin d'une analyse critique est incontournable. Aussi justifiera-t-on à juste titre la présence du communicateur engagé par sa manière d'investir le pouvoir médiatique et de prendre position. Il intervient sur le changement, l'encadre et souvent même le dirige par sa capacité de lecture, d'interprétation, de représentation et de mobilisation.

Ces phénomènes s'inscrivent dans la crise de la modernité.

La crise de la modernité peut se résumer en ce que la raison n'est plus la mesure de toute chose; on ne peut plus tout expliquer par elle. Le consensus cède le pas à la convergence. Le XXe siècle en a ébranlé les fondements, les remet en question sous le poids de la décolonisation, sous les affres de plusieurs guerres féroces, devant les effets pervers d'une industrialisation à outrance, devant l'échec et les dénonciations d'un marxisme altéré, manipulé qui a conduit à des régimes totalitaires et face à l'image d'une culture de masse décevante et aliénante. On parle ainsi d'une rupture avec une croyance aveugle en la raison et on se fait critique des effets pervers engendrés par le renforcement de la rationalité instrumentale: il s'agit donc d'une déstabilisation.

Lyotard (1979) définit la postmodernité comme étant la perte de croyance dans un métadiscours. Les manifestations de la postmodernité sont la fragmentation, l'éclatement des monolithismes, l'absence de grands systèmes visionnaires et de projet collectif, l'inflation bureaucratique, l'affaiblissement de l'initiative démocratique, la difficulté à vivre ensemble et l'accroissement d'un individualisme irresponsable, comme le rappelle Gilles Lipovetsky[3]. C'est le rejet de la fermeture dualiste, de la raison totalitaire et du centrisme occidental[4]. D'autres caractéristiques s'y ajoutent, comme les dérives et les effets ambigus de la permanence du changement[5], les écueils de la mondialisation[6], la crise des savoirs[7], la restructuration problématique des organisations chancelantes[8], sans oublier les phénomènes d'exclusion constants et subtils. Face aux défis à relever, la sphère médiatique se profile comme un espace pour l'intervention des relationnistes. Aussi peut-on parler de la communication comme lieu privilégié de sensibilisation et comme matrice pour l'engagement et l'action.

La sphère médiatique est devenue le nouveau lieu de pouvoir par ses ramifications complexes, sa capacité d'amplification et la visibilité qu'elle procure. Tout à la fois, elle demeure néanmoins objet de critique constante à cause de son sensationnalisme et de sa capacité de désinformation. La contestation que l'on en fait est souvent très vive. Son incontournable ubiquité fait en sorte qu'il faut en investir les lieux pour agir véritablement au niveau de la transformation des mentalités.

---

3.   Lipovetsky 1993.
4.   Tarnas 1993.
5.   Touraine 1992 et Kanter 1983.
6.   Petrella 1997.
7.   Boily 1998, 1993.
8.   Paquet 1998.

La communication est un champ privilégié pour le changement et l'intervention politique et sociale et elle sert de tremplin pour la proaction. Elle se définit comme un lieu d'échanges, de débats dont l'objectif est de dégager de nouvelles perspectives, de nouvelles interprétations pour la gestion des modèles d'action et la diversité des idées. Aussi peut-on parler d'un espace au-dessus de la mêlée.

Ces constats sont observables non seulement dans la situation canadienne mais également au sein de la vie culturelle française. Depuis le début du XXe siècle trois glissements significatifs au sein du pouvoir intellectuel en France ont eu lieu. Régis Debray a approfondi cette problématique tout en analysant le cours de ces transformations[9]. Selon lui, le pouvoir intellectuel s'est déplacé du monde universitaire à la sphère médiatique. Le parti intellectuel « Phénix toujours recyclé », comme il le surnomme[10], a connu d'abord un cycle universitaire (1880-1930) qui s'est déplacé au cycle éditorial (1920-1960) pour enfin s'inscrire dans le cycle média depuis 1968. Que ce soit la sphère universitaire, éditoriale ou médiatique, toutes les trois se rassemblent autour de la fonction de légitimation des œuvres de l'esprit, de la création artistique à la création scientifique.

Aux États-Unis, il faut plutôt rechercher les penseurs engagés dans les instituts privés, les laboratoires d'idées où se regroupent plusieurs dirigeants et penseurs. On observe une existence en parallèle de l'institution universitaire ; certaines institutions cultivent toujours leur place unique, leur statut d'oasis de pensée par leur engagement à assumer une éducation libérale. La sphère médiatique quant à elle s'est développée tous azimuts à l'écart de la réglementation de l'État sans avoir pour objectif premier la notion de service public. Ainsi l'élément discriminant qu'il faut considérer dans notre analyse de la sphère médiatique comme nouveau lieu de pouvoir tient à la différence qui existe entre les structures institutionnelles concernant l'intervention ou la non-intervention de l'État. La notion de service public assumée par l'État dans notre pays ainsi que dans d'autres pays comme la France, l'Allemagne ou l'Angleterre a contribué à maintenir jusqu'à récemment une qualité de contenu dans l'espace public et à nourrir ce dernier. Elle a de plus procuré un statut privilégié aux spécialistes de la communication. La comparaison nous est utile en ce qu'elle fait ressortir pour notre pays l'invention d'une modalité à soi et de stratégies culturelles entre deux héritages. Le regard sur la France met en valeur la dynamique de la pensée intellectuelle dans une dimension généraliste

---

9.   Debray 1979.
10.   1979, p. 52.

et celui sur les États-Unis fait ressortir une influence de l'esprit libéral qui se définit entre l'interstice du libre arbitre et le défi des institutions avec une dimension très spécialisée.

Cette comparaison rapide nous fait acquiescer également à l'analyse que fait Debray du cycle média. Debray ne manque pas de critiquer les aspects contradictoires qui expliquent les dérives et les déviations d'usage des médias. Selon lui, le pouvoir des diffuseurs est devenu trop grand ; les diffuseurs de la pensée sont dissociés des producteurs et déterminent la nature de la production[11]. Nous reconnaissons ce même phénomène dans plusieurs pays, incluant le nôtre. Toutefois cela n'empêche pas que c'est avec ces contradictions que la sphère médiatique assume le pouvoir dans nos sociétés tout en continuant sa fonction de « légitimation » du travail de la pensée, des œuvres de l'esprit. Elle demeure un levier et un tremplin pour les prises de position intellectuelles. C'est avec les médias que l'action se profile et prend forme.

La communication joue un rôle de catalyseur dans l'émergence du nouveau leadership nécessaire pour raccorder l'équilibre entre les discours officiels d'égalité et les pratiques professionnelles dans les organisations. Plusieurs relationnistes engagés fournissent des réponses aux nombreux enjeux qui pèsent sur la société. Ils formulent des interprétations et créent des représentations dynamiques qui influencent l'action au quotidien. Ils apportent des éclairages nouveaux, fournissent des arguments et des justifications pour des formes de prise en charge novatrices et nécessaires. Ils correspondent à juste titre au rôle d'intellectuel engagé.

Ces agitateurs de pensées médiatisent maintes situations conflictuelles. Ils établissent des liens étroits et trouvent l'équilibre constant entre les faits et le contrôle du médium. Ils possèdent également une connaissance bonne et intuitive du public. Ils représentent à juste titre un « quatrième pouvoir » ! Aussi pouvons-nous énoncer que la communication semble être une matrice privilégiée pour les prises de position de nombreux relationnistes au cours des trente dernières années. La sphère médiatique reflète donc cette expression paradoxale entre l'inertie culturelle et le changement. C'est un lieu à investir pour pouvoir intervenir du dedans puisqu'elle est un lieu de légitimation pour les positions sociales et politiques.

Quelles prospectives pouvons-nous envisager ?

Cette radiographie sur le paysage médiatique contemporain et sa mise en contexte met à l'avant-plan l'importance de compétences précises, de flexibilité

---

11.   1979, p. 108.

dans la gestion du changement et d'habiletés de communication de manière à répondre aux exigences et au statut de la profession. Ces défis peuvent être relevés par une excellente éducation critique pour « conjuguer avec les médias ».

Du premier imprimé au numérisé[1]

1. BREF HISTORIQUE DES MÉDIAS

Les médias du XXIe siècle sont apparus très lentement l'un après l'autre à compter du XVIIe siècle, en commençant par les médias écrits, suivis 190 ans plus tard par la radio, puis par la télévision 109 ans après la radio et, enfin, par Internet, 42 ans après l'inauguration du petit écran.

2. LES MÉDIAS ÉCRITS

Le lancement de la première feuille d'information par le médecin de Louis XIII, Théophraste Renaudot, en 1631, signale le début des médias écrits. Le roi lui-même en profite pour communiquer régulièrement avec ses sujets. *Le Journal de Paris*, un imprimé sur quatre pages fondé en 1777 par Antoine Cadet de Vaux, est publié pour la première fois et traite principalement d'événements culturels et de faits divers. Il suivra de près les événements de la Révolution française.

---

1. Ces renseignements sont tirés de plusieurs sources, dont *Internaute Magazine*, Bibliothèque et Archives Canada, Bibliothèque et Archives nationales du Québec.

En Angleterre, en 1788, le quotidien d'information *The London Daily Universal Register* devient *The Times*. Il jouit d'une grande influence sur le plan de l'actualité politique, économique et culturel.

En 1833, Benjamin Day publie *The New York Sun*, le premier titre de la « penny press ». Ce quotidien, vendu à un sou sur la rue, cible un vaste auditoire par son style simple et imagé et renferme une abondance de nouvelles. Les autres journaux de l'époque se vendaient par abonnement au coût de six cents.

Le Français Charles-Louis Havas crée, en 1835, la première agence d'information mondiale sous le nom d'Agence de feuilles politiques, correspondance générale. Les nouvelles proviennent de journaux étrangers, elles sont transmises par pigeon voyageur et elles sont traduites à Paris.

En 1848, six journaux américains se regroupent pour créer la plus prestigieuse agence de presse des États-Unis, l'Associated Press (AP). Le regroupement vise à rassembler les sources d'informations internationales pour réduire les frais de télégraphie. En 1849, l'AP ouvre son premier poste d'information en sol canadien. L'installation du câble trans-Atlantique quelques années plus tard lui donne l'essor voulu pour devenir la plus importante agence de presse du monde.

Le célèbre quotidien américain *The New York Times* voit le jour sous le nom *New York Daily Times* en 1851. Il publie en couleurs en octobre 1997.

Le premier quotidien au Canada, la *Gazette du Québec*, date de 1764. Il est fondé par Guillaume Brown, qui a l'honneur d'avoir été le premier journaliste canadien. Bien que le *Halifax Gazette*, un hebdomadaire, publiait depuis le 23 mars 1752, la Nouvelle-Écosse ne faisait pas partie du Canada de l'époque.

3. LES MÉDIAS ÉLECTRONIQUES

En 1888, Heinrich Hertz prouve l'existence des ondes électromagnétiques, bien que le physicien James Maxwell en avait supposé l'existence. Puis, le Français Eugène Ducretet offre une démonstration publique de transmission sans fil avec l'aide de l'ingénieur Ernest Roger en 1898. Trois ans plus tard en décembre, Gugliemo Marconi, un inventeur italien, établit une première transmission télégraphique entre Terre-Neuve et les Cornouailles en Angleterre. La veille de Noël 1906, Reginald Aubrey Fessenden réalise la première émission radio vocale et musicale aux États-Unis, en Nouvelle-Angleterre. Marconi

Wireless obtient en 1915 un premier permis expérimental pour la station XWA qui deviendra CFCF, une station anglophone à Montréal.

Le Canada se donne une première loi sur la télégraphie sans fil en 1905, la Loi du radiotélégraphe, puis sa première loi sur la radiodiffusion en 1932.

Aux États-Unis, c'est en novembre 1920, à partir de l'émetteur KDKA situé à Pittsburgh et exploité par la société Westinghouse, que les Américains apprennent la victoire de W.G. Harding aux élections présidentielles. Cette date marque le début des émissions courantes de radiodiffusion. Un an plus tard, la France se dote à son tour d'un émetteur de téléphonie sans fil, celui de la tour Eiffel, qui diffuse régulièrement de la musique et des informations. La première station de radio francophone en Amérique, CKAC, est inaugurée à Montréal en septembre 1922.

En 1922 également, la British Broadcasting Corporation (BBC) diffuse sa première émission. Pendant la Seconde Guerre mondiale, la BBC gagnera le statut de radio de la résistance en Europe et celui de soutien pour les troupes britanniques. Le concept de la radio d'État canadienne anglophone en 1936, la Canadian Broadcasting Corporation (CBC), s'inspire du modèle britannique. L'année suivante la première station francophone de la Société Radio-Canada, CBF, est inaugurée à Montréal.

Le terme « télévision » est adopté à Paris en août 1900 au Congrès international de l'électricité. L'Écossais John Baird nomme son invention « téléviseur » en présentant son procédé de réception d'images sur tube cathodique devant la Royal Institution de Londres en 1926. Sa première émission télévisée montre le visage de deux ventriloques. Quatre ans plus tard, il commercialise le premier récepteur pour le grand public.

En 1942, Baird organise la première démonstration expérimentale de la télévision en couleurs devant un public réuni au Crystal Palace du Dominion Theatre de Londres. La télévision en couleurs fait ses débuts officiels aux États-Unis en 1954. Deux ans plus tôt, CBFT devenait le premier poste de télévision à Montréal, diffusant la même année, pour la première fois, un match du Canadien de Montréal le 11 octobre. La télé en couleurs arrivera au Canada beaucoup plus tard, en 1966.

La première émission télévisée retransmise depuis l'espace a été réalisée avec les trois astronautes de la navette spatiale *Apollo 7* en octobre 1968. Le monde entier sera témoin du premier pas que posera Neil Armstrong sur la lune le 21 juillet 1969 lors d'un bulletin de nouvelles en direct.

En 1980 dans un studio d'Altanta en Georgie, le magnat de l'audiovisuel, Ted Turner, inaugure Cable News Network (CNN), la première chaîne télévisée d'information en continu. Des millions de téléspectateurs sur tous les continents suivent la transmission en direct de la guerre du Golfe en 1991, grâce à CNN international, créé en 1985.

4. INTERNET

Le projet Arpanet, l'ancêtre d'Internet, propose une communication décentralisée «par paquet». Il est sanctionné par l'Agence des projets de recherche avancée (ARPA) en 1968[2]. Le projet est modelé sur les travaux américains du Bureau des techniques de traitements de l'information (IPTO) de l'ARPA et de ceux de la société Rand Corporation. Les solutions techniques visent à concevoir un système de communication des données par l'entremise d'un réseau tissé.

Un an plus tard, Arpanet installe son premier nœud de raccordement à l'Université de Columbia dans l'État de New York. D'autres nœuds semblables sont raccordés en Californie, dans l'Utah et à l'Institut de recherche de Standford. Les premières données sont échangées à une vitesse de 50 kbits par seconde.

Ray Tomlinson, ingénieur de la société américaine Bolt, Beranek et Newman (BBN), met au point le premier «courriel» en 1972. Il élabore des programmes informatiques qui permettent d'envoyer des messages sur le réseau et de les lire. Il adopte l'arobase pour séparer le nom et l'adresse du destinataire. Cette solution donne l'avantage de se prononcer «at» en anglais et «arobase» en français. Fait inusité, son premier message avait pour texte la première ligne d'un clavier, «QWERTY». Voilà le début du courriel que nous connaissons aujourd'hui.

La première démonstration publique d'Arpanet est donnée lors d'une conférence internationale à Washington en 1972. Le succès de la présentation donne naissance au protocole TCP/IP l'année suivante et devient le mode de fonctionnement définitif d'Internet en 1983.

---

2.   L'Agence des projets de recherche avancée (ARPA) est un organisme créé en 1958 pour assurer la supériorité militaire et technologique des États-Unis après l'humiliation qui a suivi le lancement du premier Spoutnik.

Bibliographie

ARENDT, Hannah, *Condition de l'homme moderne*, Paris, Presses Pocket, 1983.

ASCHER, François, *Ces événements nous dépassent, feignons d'en être les organisateurs. Essai sur la société contemporaine*, Paris, Éditions de l'Aube, 2000.

ASSOCIATION CANADIENNE DES RADIODIFFUSEURS, *Radiodiffusion 2008 : Rapport sur l'industrie*, 2009.

ASSOCIATION CANADIENNE DE TÉLÉCOMMUNICATION SANS FIL, *2008 Wireless Attitudes Study*, 2008.

ATTALAH, Paul et Leslie R. SHADE, *Mediascapes, New Patterns in Canadian Communication*, Thomson, Nelson, 2006.

AUBENAS, Florence et Miguel BENASAYAG, *La Fabrication de l'information*, Paris, La Découverte, 1999.

AUSTIN, John L., *How to do things with words*, Oxford, Oxford University Press, 1962.

_____, *Quand dire c'est faire*, Paris, Seuil, 1970.

BALLE, Francis, *Médias et société*, 5ᵉ éd., Paris, Montchrestien, 1990.

BARBER, Benjamin R., *Djihad versus McWorld. Mondialisation et intégrisme contre la démocratie*, Paris, Desclée de Brouwer, 1996.

BERNIER, Marc-François, *Les Fantômes du parlement. L'utilité des sources anonymes chez les courriéristes parlementaires*, Québec, Les Presses de l'Université Laval, 2000.

BIBLIOTHÈQUE ET ARCHIVES NATIONALES DU QUÉBEC, *Histoire de la radio, de la télévision et du cinéma*, 2006.

BOILY, Lise, «Codification et industries culturelles : un espace de créativité et d'innovation», dans Les villes créatives : une comparaison Barcelone – Montréal. *Management international / International Management / Gestion internationale*, Montréal, HEC, vol. 13, numéro spécial, 2009, pp. 101-111.

_____, «Collections, numérisation et permutation : entre structures catégoriques et singularités», dans Les Collections. *Recherches sémiotiques / Semiotic Inquiries* (RSSI), vol. 28, nº 3, 2008, pp. 43-66.

_____, «Compétences et enjeux sociaux des organisations en réseau», *Sociologies pratiques*, nº 13, «Penser les réseaux sociaux pour repenser l'action économique», Paris, Presses universitaires de France, 2006, p. 139-147.

_____, «Économie du savoir, identités plurielles et nouvelles formes d'exclusion», dans Daniel Castillo Durante et Patrick Imbert (Université d'Ottawa) (dir.), *L'interculturel et l'économie à l'œuvre;* «Les marges de la mondialisation», Ottawa, Les Éditions David, 2004, p. 129-154.

_____, «Les technologies de l'information, l'économie du savoir et le travail : nouvelles compétences, nouvelles performances», dans Bernard Guilhon et Jean-Louis Levet (dir.), *De l'intelligence économique à l'économie de la connaissance*, chap. 7, Paris, Éditions Economica, 2003, p. 128-142.

_____, «La langue française : langue de choix», *AISLF*, bulletin nº 12, 1996.

_____, On the Semiosis of Corporate Culture, *Semiotica*, Berlin et New York, Mouton de Gruyter, vol., nᵒˢ 1-2, 1993, p. 5-31.

_____, «Pour une éthique des discours de la communication publique : de l'information à la persuasion», chapitre 2. *Éthique de la communication publique et de l'information*, sous la direction de R. Bélanger, Montréal, Fides, coll. «Cahiers de recherche éthique», nº 17, 1992, p. 27-42.

_____, «Stratégies sémantiques et nouvelles technologies», *Communication et information*, vol. 11, nº 2, 1990, p. 184-203.

BOILY, Lise (dir.), *Les Cahiers de l'imaginaire*, nº 17, «Imaginaire et nouveaux médias», Paris et Montpellier, L'Harmattan et Université Paul Valéry, 1998.

BOILY, Lise et Jean-Pierre DALBÉRA, «La valorisation numérique des patrimoines culturels : des savoirs à transmettre», p. 77-84, chapitre 5 du rapport *Après EUMEDIS : réflexions et suggestions pour le partage des connaissances dans l'espace numérique euro-méditerranéen*, Francesco Badioli, Jean-Luc Lory et Jacques Vauthier (dir.), Université Pierre et Marie Curie – Paris 7, Paris, EUMEDIS pour l'Union européenne, 2007.

BORDEAU, Jeanne, *L'Art des relations-presse*, Paris, Éd. Organisations, 2005.

_____, *Le Dossier et le communiqué de presse*, Paris, Eyrolles, 2008.

_____, *La Veille média et la revue de presse*, Paris, Eyrolles, 2008.

BRETON, Philippe et Serge PROULX, *L'Explosion de la communication*, Montréal, Boréal, 1989.

BUCKLEY, Peter, *The Canadian Press Stylebook, A guide for Writers and Editors*, Toronto, 1993.

CALLON, Michel, «Sociologie de l'acteur réseau», dans M. Akrich, M. Callon et B. Latour, *Sociologie de la traduction. Textes fondateurs*, Paris, Les presses Mines, 2006, p. 267-276.

CARDINAL, Mario, *Il ne faut pas toujours croire les journalistes*, Montréal, Bayard Canada, 2005.

CARNEY, William Wray, *In the News, the Practice of Media Relations in Canada*, 2ᵉ éd., Edmonton, University of Alberta Press, 2001.

CASTELLS, Manuel, *L'Ère de l'information* (volume I : La société en réseaux), Paris, Fayard, 1999.

CENTRE D'ÉTUDE SUR LES MÉDIAS, *Concentration des médias*, études produites depuis 2001. En ligne : http://www.cem.ulaval.ca/concentration_medias/.

CHANLAT, Alain et Renée BÉDARD, « L'importance de l'éthique de la parole dans le métier de dirigeant », dans Jean-François Chanlat (dir.), *L'individu dans l'organisation, les dimensions oubliées*, Québec, Les Presses de l'Université Laval, 1990.

CHARON, Jean-Marie, *L'État des médias*, Montréal, Boréal, 1991.

CHARRON, Jean, *La Production de l'actualité*, Montréal, Boréal, 1994.

CHESNAIS, Robert, *Histoires de médias*, Paris, Nautilus, 2001.

CHOMSKY, N. et R. McCHESNEY, *Propagande, médias et démocratie*, Montréal, Écosociété, 2000.

COHENDET, P. et W.E. STEINMUELLER, « The codification of Knowledge : a Conceptual and Empirical Exploration », dans *Industrial and Corporate Change*, vol. 9, nº 2, Oxford University Press, 2000, p. 195-209.

DAGENAIS, Bernard, *Le communiqué ou l'art de faire parler de soi*, Québec, Les Presses de l'Université Laval, 1997.

_____, *La conférence de presse ou l'art de faire parler les autres*, Québec, Les Presses de l'Université Laval, 1997.

_____, *Le plan de communication*, Québec, Les Presses de l'Université Laval, 1997.

_____, *Le métier de relationniste*, Québec, Les Presses de l'Université Laval, 6ᵉ tirage, 1999.

DEBRAY, Régis, *Le pouvoir intellectuel en France*, Paris, Éditions Ramsay, 1979.

DELEUZE, Gilles, *L'image-temps*, Paris, Les Éditions de Minuit, 1985.

DE SAUSSURE, F., *Cours de linguistique générale*, Payot (1913), 1995.

DEVIRIEUX, Claude Jean, *Pour une communication efficace*, Presses de l'Université du Québec, 2007.

FISHMAN, Mark, *Manufacturing the News*, Austin, University of Texas Press, 1978.

FOGEL, Jean-François et Bruno PATINO, *Une presse sans Gutenberg*, Paris, NRF-Gallimard, 2007.

FORAY, Dominique, *The Economics of Knowledge*, Cambridge et London, MIT Press, 2004.

_____, *L'économie de la connaissance*, Paris, La Découverte, coll. « Repères », 2000.

FOUCAULT, Michel, *Surveiller et punir*, Paris, Gallimard, 1975.

GINGRAS, Anne-Marie, *Médias et démocratie: le grand malentendu*, Sainte-Foy, Presses de l'Université du Québec, 1999.

GOODY, Jack, *The Domestication of the Savage Mind*, Cambridge, Cambridge University Press, 1977.

_____, *La Raison graphique: la domestication de la pensée sauvage*, Paris, Les Éditions de Minuit, 1979

GUILLEBAUD, Jean-Claude, *Le commencement d'un monde. Vers une modernité métissée*, Paris, Seuil, 2008.

HABERMAS, Jurgen, *La technique et la science comme idéologie*, Paris, Denoël-Gonthier, 1978.

HALIMI, Serge, *Les nouveaux chiens de garde*, Paris, Éditions Libre-Raisons d'agir, 1999.

JACQUES, Daniel, *La révolution technique. Essai sur le devoir d'humanité*, Montréal, Boréal, 2002.

_____, *«Anthropotechnique et humanisme»*. Quelques remarques sur la question de l'humanisme chez Peter Sloterdjik, Conférence présentée au colloque Génomique-généothique et anthropologie, Montréal, UQAM, oct. 2004.

LAHLOU, S., V. NOSULENKO et E. SAMOYLENKO, «Un cadre méthodologique pour le design des environnements augmentés», *Informations sur les sciences sociales*, vol. 41, n° 4, 2002, p. 471-530.

LARUE-LANGLOIS, J., *Manuel de journalisme radio-télé*, Montréal, Éditions Saint-Martin, 1990.

LATOUR, Bruno, *La Science en action*, Paris, La Découverte, 2005.

_____, *La vie de laboratoire*, Paris, La Découverte, 1988.

LE BOHEC, Jacques, *Les mythes professionnels des journalistes*, Paris, L'Harmattan, 2000.

LEGENDRE, Pierre, *La Fabrique de l'homme occidental*, Paris, Fayard, Mille et une nuits, 1996.

LEMIEUX, Cyrille, *Mauvaise Presse*, Paris, Métailié, 2000.

LESTEL, Dominique, «Repenser le propre de l'homme», *Sciences humaines*, 108, 2000.

LICHTENBERG, Judith (dir.), *Democracy and the Mass Media*, Cambridge, Cambridge University Press, 1990.

LIPOVETSKY, Gilles, *L'ère du vide*, Paris, Gallimard, 1993.

LOHISSE, Jean, *Les Systèmes de la communication*, Paris, Armand Colin, 1998.

_____, *La Communication*, Bruxelles, De Boeck, 2001.

LOMOV, B.F., «Mental processes and communication», dans L.K. Strikland (ed.), *Soviet and Western perspectives in Social psychology*, New York, Pergamon Press, 1979, p. 211-223.

_____, *Les problèmes méthodologiques et théoriques en psychologie*, Moscou, Edition Nauka (en russe), 1984.

LONGHURST, John, *Making the News*, Toronto, Novalis, 2006.

LYOTARD, Jean-François, *La condition postmoderne: rapport sur le savoir*, Paris, Les Éditions de Minuit, 1979.

MAISONNEUVE, Danielle et autres, *Les relations publiques dans une société en mouvance*, 2ᵉ éd., Sainte-Foy, Presses de l'Université du Québec, 2000.

MALAVAL, Philippe et Jean-Marc DÉCAUDIN, *Pentacom. Communication: théorie et pratique*, Paris, Pearsons, 2005.

MARANDA, Pierre, « Peuples des eaux, gens des îles : hypertexte et peuples sans écriture, http:// www.oceanie.org », dans Claire Brossaud et Bernard Reber (dir.), *Humanités numériques I – nouvelles technologies cognitives et épistémologie*, Paris, Hermès et Lavoisier, 2007, chapitre 12, p. 215-228.

_____, « Speak, That I Be! Echo Chambers and Rhetoric : Sketch of a Model of Resonance Theory », dans Ivo Strecker et Christian Meyer (ed.), *Rhetoric Culture. Theory and Exemplars*, Oxford et New York, Berghan Books, Studies in Rhetoric Culture I, 2007.

_____, « Ethnographie, hypertexte et structuralisme probabiliste », texte d'une conférence donnée lors du Congrès de l'Association internationale des sociologues de langue française en 2004 et publié dans *L'Analyse du social. Les modes d'explication*, Daniel Mercure (dir.), Québec, Les Presses de l'Université Laval, 2005, p. 183-202.

McLOUGHLIN, Barry, *Encountering the Media*, Washington, McLoughlin MultiMedia Publishing, 1996.

McLUHAN, Marshall, *Pour comprendre les médias, les prolongements techniques de l'homme*, traduit par Jean Paré, Montréal, Éditions Hurtubise HMH, 1972.

_____, *La galaxie Gutenberg*, Montréal, Éditions HMH, 1967.

MITROFF, Ian I. et Warren BENNIS, *The Unreality Industry. The Deliberate Manufacturing of Falsehood and What it is Doing to our Lives*, Oxford, Oxford University Press, 1993.

MOSS KANTER, Rozabeth, *The Change Masters*, New York, Simon & Shuster, 1983,

MOTULSKI, Bernard et René VÉZINA, *Comment parler aux médias*, Montréal, Transcontinental, 2008.

NONAKA, I. et H. TAKEUCHI, *La connaissance créatrice*, Bruxelles, De Boeck Université, 1997.

OCDE, *L'économie fondée sur le savoir*, Paris, Organisation de coopération et de développement économiques, 1996.

OPTIONS POLITIQUES, *Les médias en crise*, articles de Catherine Cano, Matthew Sears, Robin V. Sears et Christopher Waddell, Institut de recherche en politiques publiques, Montréal, numéro de juin 2009.

ORWELL, George, *1984*, Paris, Gallimard, 1950.

PAQUET, Gilles, « La gouvernance en tant que manière de voir : le paradigme de l'apprentissage collectif », Colloque France-Canada : *Gouvernance et démocratie*, Université d'Ottawa, 2 et 3 octobre 1998.

PARÉ, Daniel J., *Internet Governance in Transition, Who is the Master of this Domain ?*, New York, Rowman & Littlefield Publishers, Inc., 2003.

PETRELLA, Ricardo, *Les Écueils de la mondialisation. Urgence d'un nouveau contrat social*, Montréal et Québec, Éditions Fides et Musée de la civilisation, 1997.

POLANYI, Michael, *The Tacit Dimension*, Garden City (N.Y.), Doubleday, 1967.

POULET, Bernard, *La fin des journaux et l'avenir de l'information*, Paris, Éditions Gallimard, 2009.

PRATTE, André, *Les oiseaux de malheur. Essai sur les médias d'information*, Montréal, VLB éditeur, 2000.

PRENSKY, Marc, «Digital Natives, Digital Immigrants», dans *On the Horizon*, The CB University Press, vol. 9, n° 5, octobre 2001.

PRESSE CANADIENNE, *Guide du journaliste*, Montréal, 1992.

RABOY, Marc, *Les Médias québécois*, 2ᵉ éd., Boucherville, Gaëtan Morin, 2000.

RAPPORT DAVEY, *Les mass média*. Rapport du Comité spécial du Sénat sur les moyens de communication de masse, Ottawa, Imprimeur de la Reine, 3 volumes, 1970.

ROUSSEAUX, Francis, *Classer ou collectionner? Réconcilier scientifiques et collectionneurs*, Louvain-la-Neuve, Bruylant-Academia, 2007.

ROUSSEAUX, Francis, et Lise BOILY (dir.), Les Collections. *Recherches sémiotiques / Semiotic Inquiries* (RSSI), vol. 28, n° 3, 2008.

ROUSSEAUX, Francis, et Lise BOILY (dir.), «La *collection*, un lieu privilégié pour penser ensemble singularité et synthèse», Introduction du numéro, Les Collections. *Recherches sémiotiques / Semiotic Inquiries* (RSSI), vol. 28, n° 3, 2008, p. 3-22.

RUBINSTEIN, S.L., *L'être et la conscience*, Moscou, Édition de l'Académie des sciences de l'URSS, 1957, p. 287-306 (en russe).

SCHILLER, D., *Digital Capitalism: Networking and the Global Market System*, Cambridge, The MIT Press, 2000.

SCHILLER, Ed., *The Canadian Guide to Managing the Media*, Scarborough, Prentice Hall, 1994.

SÉNAT DU CANADA, *Rapport final sur les médias canadiens*, Comité sénatorial permanent des transports et des communications, avril 2006.

SÉNÉCAL, Michel, *L'Espace médiatique*, Montréal, Liber, 1995.

SHANNON, Claude E. et W. WEAVER, *The Mathematical Theory of Communication*, Urbana, The University of Illinois Press, 1967.

SLOTERDIJK, Peter, *La domestication de l'être*, trad. O. Mannoni, Paris, Arthème Fayard, éditions Mille et une nuits, La petite collection, 2000.

————, *Règles pour le parc humain*, Paris, Fayard, Mille et une nuits, 2000.

STAROWICZ, M., *The Great Media Shift: Television, Radio and Print in the 21st Century*, First Annual Kesterton Lecture, School of Journalism and Communication, Carleton University, Ottawa, February 10, 2000.

SUSSTEIN, Cass R., *Republic.com*, Princeton, Princeton University Press, 2000.

TARNAS, Richard, « The postmodern mind », *The Passion of the Western Mind*, New York, Ballantine Books Edition, 1993, p. 395-410.

TAYLOR, Charles, *Grandeur et misère de la modernité*, Montréal, Bellarmin, 1992.

TOURAINE, Alain, *La crise de la modernité*, Paris, Fayard, 1992.

TUDESQ, André-Jean et autres, *La presse et l'événement*, Bordeaux, Publications des sciences de l'homme de Bordeaux, 1973.

UNESCO, *Héritage intangible*. En ligne : http://www.unesco.org/culture/heritage/intangible/treasures/html_fr/method.shtml, 2004.

WOLTON, Dominique, *Penser la communication*, Paris, Flammarion, 1997.

RECYCLÉ
Papier fait à partir
de matériaux recyclés
FSC® C103567

Marquis imprimeur inc.

Québec, Canada
2012

Imprimé sur du papier Silva Enviro 100% postconsommation
traité sans chlore, accrédité ÉcoLogo et fait à partir de biogaz.

100%   PERMANENT